重庆市黔江区绿色优质农产品消费指南

重庆市黔江区农业技术服务中心　编著

江西科学技术出版社

图书在版编目（CIP）数据

重庆市黔江区绿色优质农产品消费指南 / 重庆市黔江区农业技术服务中心编著. -- 南昌 : 江西科学技术出版社, 2024.6

ISBN 978-7-5390-9051-1

Ⅰ. ①重… Ⅱ. ①重… Ⅲ. ①农产品－黔江区－指南 Ⅳ. ①F724.72-62

中国国家版本馆 CIP 数据核字(2024)第 103937 号

国际互联网（Internet）地址：
http://www.jxkjcbs.com
选题序号：KX2024128

重庆市黔江区绿色优质农产品消费指南　重庆市黔江区农业技术服务中心　编著
CHONGQING SHI QIANJIANG QU LüSE YOUZHI NONGCHANPIN XIAOFEI ZHINAN

出版发行	江西科学技术出版社
社址	南昌市蓼洲街 2 号附 1 号 邮编：330009　电话：（0791）86624275　86610326（传真）
印刷	济南文达印务有限公司
经销	各地新华书店
开本	710mm×1000mm　1/16
字数	160 千字
印张	12.25
版次	2025 年 5 月第 1 版
印次	2025 年 5 月第 1 次印刷
书号	ISBN 978-7-5390-9051-1
定价	58.00 元

赣版权登字-03-2024-105

编委会

主　　编： 王　建

统筹主编： 柳　静　刘元喜

技术主编： 刘元喜　吴　锦　邓佳乐　代　芳　王孝忠　盛卫东

副 主 编： 王孝忠　王国才　朱继江　杨丽萍　姚　群

编写人员： 刘元喜　吴　锦　邓佳乐　代　芳　王孝忠　王国才　朱继江　杨丽萍　姚　群　王代平　龚素华　向素华　张益明　龚　磊　陈江泉　王昌银　周兴山

黔江区简介

——青山绿水、干净黔江

重庆市黔江区地处渝东南，位于东经 108° 28′ ～108° 56′，北纬 29° 4′ ～29° 52′。东临湖北咸丰县，西界彭水，南连酉阳，北接湖北利川市。东西相距 45 km，南北相距 90 km，幅员面积 2402 km^2。

黔江区属亚热带湿润型季风气候，年均气温 15.4 ℃年均降水量 1300 mm；年均日照 1240 小时，无霜期 260～290 天，空气质量优良天数常年达到 355 天，PM2.5 浓度 28 $\mu g/m^3$，全区森林覆盖率达到 65%。

地形多样，有山地、丘陵、平坝、河谷、山间小盆地，最高海拔 1938.5 m，最低点海拔 320 m，山地总面积占 85%，山地立体气候明显。

主要河流是阿蓬江，流经区境，注入乌江。小南海是区内唯一的山间淡水湖泊。丰富的山地，山泉溪流星罗棋布，干净黔江为优质农产品生产提供了良好的生态环境。

——丹兴古韵，红色故地。东汉建安六年（公元 201 年）始置丹兴县，因境内盛产丹砂而得名，迄今 1800 多年。是少数民族聚居区，以土家族、苗族为主的少数民族人口占 75.3%，民族风情独特浓郁，荣获全国民族团结进步示范区。是全国一类革命老区，红三军入渝的首站，原红三军政委万涛的故乡，留下了刘伯承、邓小平、贺龙等老一辈无产阶级革命家的战斗足迹，获评全国双拥模范城。“宁愿苦干、不愿苦熬”的时代精神享誉全国，“天理良心”诚信文化名传于世。

——峡谷城市，生态美地。位于北纬 30 度，拥有横跨 7 个地质年代、城峡相拥 10 km、垂直落差 500 m 的城市大峡谷，夏无酷暑、冬无严寒，被中国气象学会授予“中国清新清凉峡谷城”称号。城区空气质量优良天数常年保持在 350 天左右，森林覆盖率达 65%，阿蓬江国家湿地公园美丽如画，光伏、风电等清洁能源加快发展，成为全国森林康养基地，荣获国家卫生区、国家生态文明建设示范区等城市品牌。成功构建“1个5A+7个4A”景区方阵，正在创建国家级文化产业和旅游产业融合发展示范区。

——新时代赋予新使命，新征程呼唤新担当。黔江区将深学笃用习近平新时代中国特色社会主义思想，始终牢记习近平总书记的殷殷嘱托，深入学习贯彻党的二十大精神，全面落实市第六次党代会和市委六届二次全会精神，踔厉奋发、勇毅前行，团结奋斗、实干争先，全力推进“文旅美城、集散兴城、工业强城、开放活城”建设，加快建设渝东南区域中心城市和武陵山区综合交通枢纽，高水平打造“中国峡谷城·武陵会客厅”，全面建设社会主义现代化新黔江。

前 言

黔江地处渝东南武陵山腹地，属中低山区，最高海拔 1938.5 m，最低海拔 320 m，多为 500～1000 m 之间，属典型亚热带湿润季风气候，气候温和，四季分明，年均气温 15.4 ℃，年均降雨量 1300 mm，年均日照 1240 小时，无霜期 290 天。借助绿色生态优势，江着力打造具有江特色的农产品。为培育优质特色农产品品牌，扩大黔江优质特色农产品的知名度，促进产销对接，服务农牧业高质量发展，满足公众对优质特色农产品强劲需求，发挥引导消费的作用。重庆市黔江区农业技术服务中心组织编了《黔江区优质农产品生产消费指南》。

《黔江区优质农产品生产消费指南》收录了黔江区 8 个全国名特优新农产品、3 个农产品地理标志产品和 40 个绿色食品，及其他 14 个优质农产品，主要包括食用菌、水果、蜂产品、茶叶、蔬菜、粮油、肉、蛋及初加工品等，介绍了每个产品的主要产地、品质特征、环境优势、收获时间、推荐储藏保鲜和食用方法以及市场销售信息，并配上产品、环境及部分烹饪图片。

目 录

全区绿色优质农产品

九叶青花椒

一、主要产地

重庆市黔江区城南街道香水社区三组袁家盖。

二、品质特征

九叶青花椒是具竞争力的早熟品种，以果实清香、麻味纯正而著称，皮厚，色青，是无公害的绿色产品。

九叶青花椒含有人体所需的维生素 C、铜、铁、锌、锰、硒等多种微量元素。花椒和花椒籽的含油量分别是 10.73%和 27.6%，出油率分别是 10.47%和 24.7%。具有健脾强胃，驱风除湿之功效，中医可入药。

三、环境优势

富吉种养殖股份合作社位于城南街道办事处香水社区三组袁家盖，包茂高速、渝怀铁路从侧穿越，交通便利。海拔800多米，土地资源丰富，有可利用土地1000余亩，周围群山环绕，树林茂密。基地内有一水库，灌溉方便，且周围无污染土壤和水源的物质，为种植花椒提供了得天独厚的自然环境条件。

四、收获时间

每年6～7月为九叶青花椒的收获期。

五、推荐贮藏保鲜和食用方法

贮藏保鲜：新鲜九叶青花椒密封冷冻保存，干九叶青花椒放置通风干燥处保存即可。

食用方法：按照日常青花椒食用方法使用即可。

六、市场销售采购信息

重庆市黔江区富吉种养殖合作社

联系电话：13896494666

淼涧西瓜

一、主要产地

黔江区城东街道西北面高涧社区。

二、品质特征

淼涧西瓜形态近似于椭圆形，果皮光滑，汁多甜爽口、甜而不腻；颜色有深绿、浅绿或带有黑绿条带或斑纹；瓜籽多为黑色，呈椭圆形，头尖；茎枝粗壮，有淡黄褐色的柔毛；叶片如纸，呈三角状卵形，边缘呈波状，两面平滑，基部钝圆，通常边缘稍拱起，长 1～1.5 cm，宽 0.5～0.8 cm，厚 1～2 mm，花果期为夏季。

三、环境优势

淼涧西瓜产地位于黔江区城东街道西北面高涧社区，西至八面山国有林场，有城北水库一座，蓄水面积 776 万立方米。属于亚热带季风性湿润气候，夏热秋凉，四季分明，无霜期长，立体气候显著，气候资源丰富。土质多为沙质土壤，非常适合西瓜的生长发育。

四、收获时间

每年7～9月为淼涧西瓜的收获期，8月中旬为最佳品质期。

五、推荐贮藏保鲜和食用方法

贮藏保鲜：常温下可自然保鲜3～5天，保鲜库进行保鲜，时间可达15天以上。

食用方法：西瓜可直接食用，0～4 ℃冷藏2小时食用最佳，也可榨汁或做水果沙拉。

六、市场销售采购信息

重庆市黔江区淼涧生态农业股份合作社

联系电话：15023568475

淼涧莲藕

一、主要产地

黔江区城东街道西北面高涧社区。

二、品质特征

淼涧莲藕形状类似于纺锤形，表面光滑，颜色为淡灰色或淡黄色。其表皮上有一层深深的凹槽，让其显得更加有立体感。藕身外附有一层薄泥保护，藕身肥人，肉质脆嫩，水分多而甜，带有清香。莲藕表皮上的盘龙纹是其独特之处，所以也有“盘龙莲藕”之称。

鲜藕含淀粉含量18～20%、蛋白质含量1%、维生素B、C和无机盐类含量丰富。

三、环境优势

淼涧莲藕产地位于黔江区城东街道高涧社区，西至八面山国有林场，有城北水库一座，蓄水面积776万立方米。属于亚热带季风性湿润气候，夏热秋凉，四季分明，无霜期长；空气湿润，降水丰沛。八面山地处武陵山区丘陵地带，土质多为沙质土壤，土质疏松，土壤肥沃，适宜莲藕生长。

四、收获时间

每年 7 月～次年 4 月为淼润莲藕采收期，9 月～10 月中旬为最佳品质期。

五、推荐贮藏保鲜和食用方法

贮藏保鲜：清水保藏法、覆膜保藏法、真空保藏法等。

食用方法：莲藕可直接生吃，也可做汤、炒菜、凉拌等多种方式烹调熟吃，还可制成藕粉后冲泡食用。

六、市场销售采购信息

重庆市黔江区淼润生态农业股份合作社

联系电话：15023568475

杉岭老红米

一、主要产地

黔江区杉岭乡兴隆村。

二、品质特征

杉岭老红米是黔江土家族人世代种植的山区老品种稻谷。老红米茎高、不喜肥，抗病力强，可与杂草共生，被视为“野生水稻”，亩产仅 400 斤。天然拒绝三人污染：农药、化肥、除草剂，会因施化肥而倒伏，会因施除草剂而与杂草一起死掉。

杉岭老红米蛋白含量高达 17%，膳食纤维是普通大米的 4 倍，同时还含有镁、锌、钾、铁、硒等微量元素，是素食中的宝贝。

老红米产品图片

三、环境优势

杉岭老红米产地位于黔江区杉岭乡，梯田周围无工业企业，空气清新无污染；种植地为油砂地，采用山泉水灌溉，昼夜温差大，日照时间充足，适合水稻生长。

种植基地图片

四、收获时间

一年一季，每年 9 月份收获。

五、推荐贮藏保鲜和食用方法

贮藏方式：置于阴凉干燥处，避免阳光直射。

食用方法：提前浸泡 4～8 小时，与大米 1∶1 或者 1∶2 混合蒸煮；也可直接煲粥。

六、市场销售采购信息

1.832 农副产品销售平台

2.黔江伴山国际金街（山磨红米坊）体验店

联系人：邹女士

联系电话：13594901395

白石凤山血桃

一、主要产地

黔江区白石镇凤山村。

二、品质特征

白石凤山血桃色泽鲜艳，口感爽脆，果近圆形，果肉呈鲜红色，其汁如血，单果重 300 g，最大 400 g。白石凤山血桃气味平和，含糖 16%～18%，富含多种维生素，其中花青素和铁的含量最为显著，是苹果和梨的 4～6 倍，是缺铁性贫血病人的理想辅助食物。含钾多含钠少，适合水肿病人食用。血桃仁有活血化瘀，润肠通便的作用，其提取物花青素是女人美容养颜的佳品。

三、环境优势

黔江区白石镇凤山村位于重庆东南部，地处武陵山区腹地，山地占幅员面积的 90%，山脉河流走向近似平行，海拔高度 500 m。属中亚热带湿润性季风气候，气候温和，四季分明，热量丰富，雨量充沛，是典型的山地气候。年平均气温 15.4 ℃，年平均降雨量 1213 mm。土壤多为粘土，透气性好，无污染，非常适合血桃的生长。

四、收获时间

每年 6 月底～7 月初为白石镇凤山血桃的收获期。

五、推荐贮藏保鲜和使用方法

较耐储运，常温下可储存 5～15 天，也可冷藏储存。

推荐食用方法：洗净去皮直接食用、榨汁、血桃果冻、熬酱等。

六、市场销售采购信息

黔江区王毅家庭农场

联系电话：13648268100、18225418384

密本南瓜

一、主要产地

重庆市黔江区石家镇火石垭村。

二、品质特征

蜜本南瓜呈瓜棒锤形，长约 40 cm，横径 15 cm，成熟时有白粉，瓜皮橙黄色，肉厚，肉质面，细致，水分少，味甜，口感细腻，含有丰富的蛋白质、维生素、矿物质和多种微量元素，适合烹调和深加工。

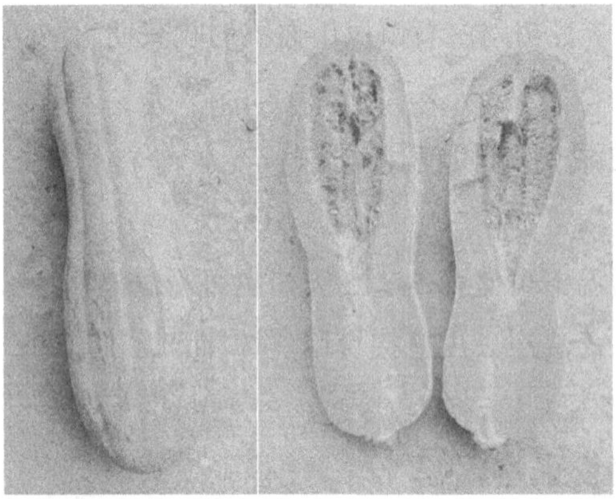

三、环境优势

石家镇火石垭村位于黔江区西南部，属中亚热带湿润性季风性气候。气候温和，四季分明，热量丰富，雨量充沛，平均海拔 600 m，非常适合瓜果生长。石家镇火石垭村蜜本南瓜生产基地，种植面积 600 亩，南瓜产量 1200 t，2015 年开始引进种植，连年喜获丰收，每亩地产量约 2000 kg。

四、收获时间

每年 9 月～10 月为蜜本南瓜的收获期。

五、推荐贮藏保鲜和食用方法

蜜本南瓜采收后置于阴凉干燥处进行贮藏，也可 0～6 ℃避光冷藏。

蜜本南瓜可直接蒸熟后食用，也可制作成南瓜粥、南瓜饼、南瓜蛋糕等。

六、市场销售采购信息

石家镇火石垭村村民委员会

联系人：吴万兵

联系电话：18325239509

联系人：马学全

联系电话：13896875437

爱媛38号杂柑

一、主要产地

重庆市黔江区黄溪镇塘河村。

二、品质特征

爱媛38号杂柑果形圆，深橙色，油胞稀，光滑，外形美观，平均果重250 g。含糖15°，含酸0.5°以下，无核，口感细嫩化渣，清香爽口，风味极佳。耐贮藏，抗寒性强，结果成串，是一个早熟杂柑品种。

三、环境优势

黔江区位于重庆市的东南边缘，地处武陵山腹地，属中亚热带湿润性季风性气候，年均气温 15.4 ℃，多年平均降雨量为 1200.1～1389 mm，年平均日照时数 1166.6 小时，适宜爱媛 38 号杂柑生长。

四、收获时间

爱媛 38 号杂柑属于冬桔，在 12 月底最成熟、口感最好。

五、推荐贮藏保鲜和食用方法

贮藏保鲜：常温下贮藏，注意防潮，保持通风即可，也可 0～10 ℃冷藏贮存。
食用方法：柑橘可直接食用，也可制作成鲜榨果汁。

六、市场销售采购信息

重庆溯桓农业开发有限公司
联系人：黄剑
联系电话：13638201117

黔江水田蓝莓

一、主要产地

黔江区水田乡石郎村。

二、品质特征

蓝莓果实为蓝色的浆果，果皮蓝色有白色腊质覆盖，果实种子极小。蓝莓果实中含有丰富的营养成分，尤其富含花青素、黄酮类物质，不仅具有良好的营养保健作用，还具有防止脑神经老化、强心、抗癌、软化血管、增强人体免疫等功能。

三、环境优势

产地为渝东南山区，海拔 900 m，距黔江城区 30 km，周围无工业企业，空气清新，水质优。土壤中富含有机值，适宜蓝莓生长。

四、收获时间

每年 7～8 月为黔江水田蓝莓的收获期。

五、推荐贮藏保鲜和食用方法

贮藏保鲜：普通家用冰箱储存。

食用方法：黔江水田蓝莓鲜食、加工均可。

六、市场销售采购信息

产地采摘销售和当地超市售卖。

黑珍珠葡萄

一、主要产地

重庆市黔江区黎水镇黎水村 4 组。

二、品质特征

黑珍珠葡萄属欧美杂种，无核、抗病、丰产、极早熟、优质、易着色、耐贮运。成熟新梢红褐色，圆形，冬芽大而饱满、果穗圆锥形或圆柱形，穗重 600～900 g，最大 1600 g。

黑珍珠葡萄含糖量高，早熟葡萄糖度多在 15～18 ℃，而东方黑珍珠葡萄在一般管理情况下即可达 20～22 ℃，最高 24 ℃，许多人称它为“超甜葡萄”，是目前国内最甜的早熟葡萄。有补气血、益肝肾、生津液、强筋骨、止咳除烦、补益气血、通利小便等功效。

三、环境优势

黑珍珠葡萄产地地势整体东、西、北部较高，南部较低。境内高山耸立，最高海拔 1424.8 m，最低 410 m。河谷纵横，土壤肥沃，疏松易耕，养分含量较高，保水保肥能力强，适宜种植黑珍珠葡萄。

四、收获时间

每年 8 月中旬～9 月上旬为黑珍珠葡萄收获期。

五、推荐贮藏保鲜和食用方法

贮藏保鲜：

1.常温保存：将白纸垫到纸箱中，将葡萄放入纸箱中，或是准备一个保鲜袋，将葡萄放进去，系好袋口，放在阴凉处，可以保存 3～5 天。

2.冰箱冷藏保存：把葡萄稍微清洗一下，洗干净以后把水分沥干，再将它放到塑料袋中把口扎起来，再放到冰箱中冷藏。

食用方法：鲜食或者做葡萄果冻等。

六、市场销售采购信息

重庆市黔江区黎水镇黎水村

联系人：胡经理

联系电话：18723961206

宇特 4 号葡萄

一、主要产地

重庆市黔江区黎水镇黎水村 4 组。

二、品质特征

宇特 4 号葡萄不作任何处理，粒重 15 g 左右；经一次生长调节剂膨大处理，结合良好管理，平均粒重 20～25 g，最大 40.5 g，穗重 500～750 g；若处理两次，则基本无核，粒重 16～20 g，穗重 1000～2000 g。成熟果实黄绿色，完熟后呈金黄色，阳光直射面着彩霞状的粉红色，光泽好，极美观。

宇特 4 号葡萄成熟度高时果肉呈香蕉一样的沙化，剥皮不流水。口感清爽，肉质硬脆，风味浓甜，有冰糖香味，可溶性固形物 17～18%。

三、环境优势

宇特 4 号葡萄产地地势整体东、西、北部较高，南部较低。境内高山耸立，最高海拔 1424.8 m，最低 410 m。河谷纵横，土壤肥沃，疏松易耕，养分含量较高，保水保肥能力强，适宜种植宇特 4 号葡萄。

四、收获时间

每年 7 月中下旬～9 月上旬为宇特 4 号葡萄收获期。

五、推荐贮藏保鲜和食用方法

贮藏保鲜：

1.常温保存：将白纸垫到纸箱中，将葡萄放入纸箱中，或是准备一个保鲜袋，将葡萄放进去，系好袋口，放在阴凉处，可以保存 3～5 天。

2.冰箱冷藏保存：把葡萄稍微清洗一下，洗干净以后把水分沥干，再将它放到塑料袋中把口扎起来，再放到冰箱中冷藏。

食用方法：鲜食或者做葡萄果冻等。

六、市场销售采购信息

重庆市黔江区黎水镇黎水村

联系人：胡经理

联系电话：18723961206

蜂糖李

一、主要产地

重庆市城西街道迎宾社区10组。

二、品质特征

蜂糖李果大、外表金黄，肉质细腻、口感清甜，果肉没有纤维感，质地非常柔软、汁水丰富，味道鲜美；李中含有丰富的维生素和营养物质，如维生素C、维生素A等，有助于提高人体免疫力，促进身体健康；蜂糖李还含有一种蜂糖的糖分和丰富的膳食纤维，有助于促进肠道蠕动，促进排便，减轻便秘，还能减少糖分的吸收，有助于控制血糖和血脂。

三、环境优势

黔江蜂糖李种植地属于油沙地，其土层深厚，土壤透气性好，无污染源，为蜂糖李生长提供了良好的土壤条件。四季分明，热量丰富，雨量充沛，昼夜温差大的山地立体气候有利于蜂糖李果实生长、干物质积累和糖分转换。

四、收获时间

每年的7月中旬为蜂糖李的收获期，其采摘期和保质期都短，最多10天就采摘结束。

五、推荐贮藏保鲜和食用方法

贮藏保鲜：蜂糖李采摘后，3～5 ℃冷藏存放，也可常温保存。

蜂糖李以鲜食为主。

六、市场销售采购信息

重庆市黔江区霞春农业专业合作社

联系电话：15736617859、15213775856、17384023321

茵红李

一、主要产地

重庆市黔江区黑溪镇、石会镇等乡镇。

二、品质特征

茵红李果形端正，近圆球形、沟缝浅、果粉厚、灰白色；果实充分成熟时果皮一半青色、一半红色，果肉黄色；味甜质脆、核小。

三、环境优势

茵红李种植区域海拔高度 500～900 m，该区域土壤种类较多，以沙壤土为主，土壤中性偏酸，有机质含量丰富，为茵红李生长提供了很好的土壤条件。灌溉以山泉水和天然雨水为主，清洁无污染。种植区气候温和，热量丰富，雨量充沛，昼夜温差大，是典型的山地立体气候，6～8 月月均气温 26.8 ℃、日照时数 560 小时，此阶段的温度和光照特别适合茵红李果实生长、干物质积累、糖分转换。

四、收获时间

茵红李根据不同的海拔分批次进行采摘。其中，700 m 以下地区在 7 月下旬开始采摘；700～900 m 地区在 8 月初开始采摘。

五、推荐贮藏保鲜和食用方法

茵红李属鲜食水果，建议冷藏后食用口感更佳，适宜贮藏温度 4 ℃左右；另外还可以用来加工果酱等。

六、市场销售采购信息

重庆攀峰生态农业发展有限公司
联系人：文会权
联系电话：13996966589

瓜蒌籽

一、主要产地

重庆市黔江区金洞乡、太极镇。

二、品质特征

果实呈卵状扁平椭圆形，长 11～16 mm，宽 6～12 mm，厚 2～3.5 mm。表面浅棕色至棕褐色，平滑，边缘有一圈沟纹，顶端尖有种脐，基部钝圆或较狭。种皮坚硬，剖开后可见内种皮膜质，色灰白至灰绿色，含两片黄白色子叶，富油性。

三、环境优势

黔江区武陵山腹地，纯天然无污染，海拔达 600 m 以上，具有典型的“一山有四季，四季各不同”的山地气候。基地山清水秀，具有典型的山地立体气候特征，早晚温差大，有利于瓜蒌有益成分积累。

四、收获时间

每年 11 月。

五、推荐贮藏保鲜和食用方法

开袋即食。

六、市场销售采购信息

1.重庆芝江竹枫粮银种养殖股份合作社
联系人：杨秀江
联系电话：15095906980
2.重庆毅晗农业开发有限责任公司
联系人：杨举权
联系电话：13709489686

青花椒

一、主要产地

重庆市黔江区城南街道香水社区

二、品质特征

青花椒生长于独特的小区气候和土壤条件，独具特色，在花椒品系中是最具竞争力的早熟品种，以果实清香、麻味纯正而著称，皮厚，色青，是无公害的绿色产品。儿叶青花椒含有人体所需的维生素 C、铜、铁、锌、锰、硒等多种微量元素，花椒和花椒籽的含油量分别是 10.73%和 27.6%，出油率分别是 10.47%和 24.7%。健脾强胃，驱风除湿。中医可入药，对慢性胃炎有显著疗效。其易贮藏、便运输，深受人们的喜爱。

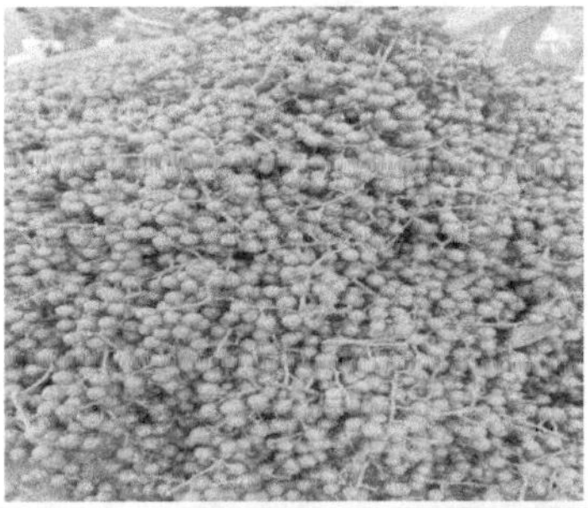

三、环境优势

富吉种养殖股份合作社位于城南街道办事处香水社区三组袁家盖，交通便利，包茂高速、渝怀铁路从侧穿越，瓦窑堡水库就在基地范围内。周围群山环绕，树林茂密赋予种植花椒得天独厚的自然环境优势收获时间。基地自成立以来致力发展无公害、三零绿色农产品，坚持科技兴农、绿色环保的理念，基地周边没有污染土壤和水源的物质。

四、推荐贮藏保鲜盒使用方法

新鲜九叶青花椒密封冷冻保存，干九叶青花椒放置通风干燥处保存即可。

五、市场销售采购信息

重庆市黔江区富吉种养殖合作社

联系电话：13896494666

濯水春美脆桃

一、主要产地

重庆市黔江区濯水镇乌杨社区。

二、品质特征

濯水春美脆桃为早熟硬肉、全红型白肉品种，有花粉，自花结实力强。果实近圆形，平均单果重 156 g，大果 250 g 以上，肉质细，硬溶质，风味浓甜，可溶性固形物 12%～14%。

濯水春美脆桃可溶性糖含量为 12%，钙含量为 19 mg/100 g，铁含量为 0.4 mg/100 g，可微量元素钙和铁含量均高，其中钙的含量高于很多同类产品，营养价值高。

三、环境优势

重庆市黔江区濯水镇乌杨海拔在 750 m 左右，种植基地位于山顶，光照充足，昼夜温差较大，利于水果积累糖分；土壤接近中性，适宜桃树生长；

远离市区，无污染；与濯水 5A 景区相邻，具有较强的采摘优势。

四、收获时间

每年 7 月 20 号左右为濯水春美脆桃的收获期。

五、推荐贮藏保鲜和食用方法

贮藏保鲜：采摘后在自然状态下可贮藏一周或者冷藏冰箱

食用方法：鲜食。

六、市场销售采购信息

重庆市濯疆农业科技有限公司

联系人：李良

联系电话：13594900199

濯水秋华脆桃

一、主要产地

重庆市黔江区濯水镇乌杨社区。

二、品质特征

濯水秋华脆桃果实近似球形，白肉，离核部分红色，果面密布绒毛；平均单果重 200 g，大果 250 g 以上，肉质细，硬溶质，色泽艳丽，着色较均匀，离核，果汁丰富，香味浓郁，口感极佳。

濯水春美脆桃可溶性糖含量为 11%，钙含量为 18 mg/100 g，铁含量为 0.35 mg/100 g，春美脆桃的含铁量较高，是缺铁性贫血病人的理想辅助食物。

三、环境优势

重庆市黔江区濯水镇乌杨海拔在 750 m 左右，种植基地位于山顶，光照充足，昼夜温差较大，利于水果积累糖分；土壤接近中性，适宜桃树生长；

远离市区，无污染；与濯水 5A 景区相邻，具有较强的采摘优势。

四、收获时间

每年 8 月 20 号左右为濯水春美脆桃的收获期。

五、推荐贮藏保鲜和食用方法

贮藏保鲜：采摘后在自然状态下可贮藏 5 天左右，也可冰箱冷藏保存。
食用方法：鲜食。

六、市场销售采购信息

重庆市濯疆农业科技有限公司
联系人：李良
联系电话：13594900199

濯水黄金脆黄桃

一、主要产地

重庆市黔江区濯水镇乌杨社区。

二、品质特征

濯水黄桃黄金脆是早熟的一个黄桃品种，果实近圆形，单果重量在 300 g 左右，个别大果可以达到 500 g 左右，果型中等。不套袋果面红色，套袋果面黄色，果肉金黄，风味浓甜，香气浓郁。果肉硬脆，充分成熟后柔软多汁，不粘核。

濯水黄桃黄金脆维生素 C 含量 10 mg/100 g，维生素 A 含量 20 ug/100 g，维生素 E（T）含量 0.95 mg/100 g，胡萝卜素 95 mg/100 g，富含维生素、膳食纤维素、胡萝卜素、番茄红素、番茄黄素、微量元素等多种物质。黄桃味甘酸性温，具有生津止渴的作用，对津伤引起的口渴、口干、眼干、声音嘶哑等症状有缓解作用。黄桃可以补气益血、滋阴补肾，身体虚弱或因肾气不足导致气血亏损、身体虚弱时，可通过黄桃食疗。

三、环境优势

重庆市黔江区濯水镇乌杨海拔在 750 m 左右，种植基地位于山顶，光照充足，昼夜温差较大，利于水果积累糖分；土壤接近中性，适宜桃树生长；远离市区，无污染；与濯水 5A 景区相邻，具有较强的采摘优势。

四、收获时间

每年 6 月 10 日为濯水黄桃黄金脆的收获期，持续 15 天左右。

五、推荐贮藏保鲜和食用方法

贮藏保鲜：

1.常温保存：选择新鲜成熟的黄桃，避免太阳直射，保持表面干燥。

2.冷藏保存：选择已经成熟但未过熟的黄桃，放入密封袋中，放入冰箱 4 ℃左右冷藏保存。

食用方法：鲜食，也可制做成黄桃罐头、黄桃蛋挞等。

六、市场销售采购信息

重庆市濯疆农业科技有限公司

联系人：李良

联系电话：13594900199

濯水黄金蜜 5 号黄桃

一、主要产地

重庆市黔江区濯水镇乌杨社区。

二、品质特征

濯水黄金蜜 5 号黄桃果型端正美观，单果重 266～430 g，慢溶质，粘核，可溶性固形物 16～18%，甜度可达 20%，浓甜无酸，品质优，套双层纸袋后，果面呈金黄色。

濯水黄金蜜 5 号黄桃维生素 C 含量 9 mg/100 g，维生素 A 含量 10.2 ug/100 g，维生素 E（T）含量 1.09 mg/100 g，胡萝卜素 95 mg/100 g，硒含量 0.83 ug/100 g，黄金蜜 5 号里面含有大量的钙、铁、锌等多种的微量元素。

三、环境优势

重庆市黔江区濯水镇乌杨海拔在 750 m 左右，种植基地位于山顶，光照充足，昼夜温差较大，利于水果积累糖分；土壤接近中性，适宜桃树生长；远离市区，无污染；与濯水 5A 景区相邻，具有较强的采摘优势。

四、收获时间

每年 8 月 10 日为濯水黄桃黄金蜜的收获期，持续 15 天左右。

五、推荐贮藏保鲜和食用方法

贮藏保鲜：

1.常温保存：将桃子置于通风、阴凉处，避免阳光直射，一般可以保存 3～5 天。

2.冰箱冷藏保存：将桃子放入塑料袋中，尽量排出袋内空气，放入冰箱的果蔬保鲜室中，可以保存 7～10 天。

3.冷冻保存：将桃子剥皮、去核，切成适当大小的块，然后放入密封袋中，尽量排出袋内空气，然后放入冰箱的冷冻室中，可以保存 2～3 个月。

4.烘干保存法：将桃子剥皮、去核，切成适当大小的块，然后放入烘干机中，低温烘干，可保存数月。

食用方法：鲜食，也可制做成黄桃罐头、黄桃蛋挞等。

六、市场销售采购信息

重庆市濯疆农业科技有限公司

联系人：李良

联系电话：13594900199

板栗

一、主要产地

重庆市黔江区白石镇中河社区、濯溪镇、黑溪镇等20多个乡镇。

二、品质特征

板栗果实为球形或卵圆球形，直径约为2～4 cm。板栗呈椭圆形或圆形，表面有细小的凸起，呈棕色或红棕色。板栗质地较为坚硬，需要处理后才能食用，口感独特，有一股甜味和香气。

三、环境优势

黔江区板栗种植地位于低山丘陵，属于多雨湿润气候；基地土壤为微酸性砂壤土，土壤肥沃、土层深厚、PH 值 5～6、质地疏松、排水良好，适宜栗子树生长。

四、收获时间

每年 9 月下旬为板栗收获期，10 月上旬为最佳品质期。

五、推荐贮藏保鲜和食用方法

贮藏保鲜：

1.新鲜的未剥壳板栗可在冰箱冷藏保存 7～10 天左右，不能长时间保存，就算外壳没有发生变化，板栗内部很容易变质。

2.新鲜板栗长时间保存：板栗清洗后放入锅中，大火煮开，水开之后再煮 1 分钟，马上关火，不要煮的太久，煮的时间太久，板栗肉煮软之后，剥的时候容易碎掉。捞出后用剪刀在尾部皮厚处剪上一刀，把皮用力下拉，即可完成剥壳。剥壳完成后将板栗肉置于冰箱冷冻保存即可。

板栗可鲜食，也可炒、蒸、煮等多种烹饪方法，如：板栗鸡、可乐板栗排骨、糖炒板栗等。

六、市场销售采购信息

重庆市黔江区家渝家庭农场

联系人：周政

联系电话：13320390302

糖梨

一、主要产地

重庆市黔江区白石镇、黄溪镇、黑溪镇等 20 多个乡镇。

二、品质特征

贡梨果实硕大，黄亮美观。皮薄多汁、味浓甘甜，生吃可清六腑之热，熟吃可滋五脏之阴。

贡梨的营养价值非常高，在生活中常常吃贡梨有助于自己的身体，尤其是贡梨的水分非常多。 还有一定量的蛋白质、脂肪、胡罗卜素、维生素 B1、维生素 B2、苹果酸等人体必需的物质。

三、环境优势

度梨对温度的要求较高，梨喜欢温暖的环境，在梨树的生长发育的过程中，梨树必须生在温度较高的环境中，但到了休眠期，梨树的温度却不能太高。不同品种的梨树对温度的要求也不相同，大部分的梨在 5 ℃以上发芽，在 14 ℃以上开花加速。虽然梨喜温但是不同地区的梨耐寒性也不同，有些梨耐寒力高，有些梨耐寒力非常低。

光照梨树喜光，对光照的需求量大，因此梨树应在光照指数较多的地区培养。良好的光照也是种植梨树不可或缺的一部分，光照可影响梨树的口感和品质，梨树的种植水分和热量不可少，但是光照可以使梨更香甜，有了充足的糖分，梨树吃起来才会更香甜可口，所以在种植梨树方面一定要多方面考虑。

水分梨树喜光喜湿，需水量较多，但依然品种不同的梨树对需水量的要求也不同，有些品种的梨树耐湿性较强，有些品种的梨树耐湿性较差，为了确保梨树的正常生长，其根系的含水量应保持在 15%～20%之间。

四、收获时间

每年 7～8 月。

五、推荐贮藏保鲜和食用方法

1.筑畦堆藏法

贮藏时先在畦面的干沙土上喷一次水，挑除碰压、刺伤、病虫害的果实，将梨果逐层摆放。果实摆好后，随即用 2～4 层牛皮纸盖好封严，再横盖一层草帘。

2.室内贮藏法

果实采后挑选无病虫、无机械伤的果实放入果筐或箱中，果筐或箱内衬有厚 0.06～0.07 mm 厚的聚乙烯保鲜袋，当外界气温降低时，将梨移到空闲屋内。

3.冷库贮藏

在冷藏条件下，要结合气调贮藏。气调贮藏可用气调帐或塑料薄膜小包装进行，要采取二氧化碳小于1%或无二氧化碳的贮藏方法，可以通过在袋或帐中加入生石灰或经常放风的方法来解决。

4.气调贮藏

除了可采用大帐和塑料袋小包装的简易气调贮藏外，还可利用气调库、气调机进行贮藏。

六、市场销售采购信息

重庆市黔江区家渝家庭农场

联系人：周政

联系电话：13320390302

黔江脆红李

一、主要产地

重庆市黔江区城东街道、中塘镇、新华乡等 28 个乡镇、街道。

二、品质特征

黔江脆红李，果实近圆球形、大小均匀、缝合线正。商品成熟时沟缝浅、果粉厚呈灰白色，果皮紫红色、果肉黄色偶带片状红色、果核小、离核。

黔江脆红李品质优，营养丰富，其可溶性固形物含量高于 13.0%，每 100 g 含维生素 C 高于 1.15 mg，总酸低于 0.8 g，果肉味甜、质脆、风味浓。

三、环境优势

黔江区位于重庆市东南边缘，北纬 30°，海拔高度 700～1000 m 区域以沙壤土为主，其土层深厚，有机质含量在 1%以上，中性偏酸，为脆红李生长提供了良好的土壤条件。境内阿蓬江横穿黔江且小溪，山泉众多，灌溉以山间泉水和天然降水为主，清洁无污染。黔江区四季分明，热量丰富，雨量充沛，昼夜温差大，是典型的山地立体气候，7～8 月均气温 26.8 ℃、全年日照时数 560 小时，此阶段的温度和光照特别适合脆红李果实生长、干物质积累、糖分转换。

四、收获时间

脆红李根据不同的海拔分批次进行采摘。其中，700 m 以下地区在 8 月下旬开始采摘;700～900 m 地区在 9 月初开始采摘;900 m 以上在 9 月中旬采摘。

五、推荐贮藏保鲜和食用方法

脆红李采摘后，3～5 ℃冷藏存放，也可常温保存。

脆红李以鲜食为主，还可以用来加工蜜饯、果脯、果酱、饮料等。

六、市场销售采购信息

1.重庆市黔江区家渝家庭农场

联系人：周政

联系电话：13320390302

2.重庆市羽人仙果生态农业开发股份合作社

联系人：向洪伟

联系电话：17338618889

3.重庆市黔江区荣松种养殖专业合作社

联系人：李成飞

联系电话：17783309688

4.重庆三磊田甜农业开发有限公司

联系人：彭文平

联系电话：13648234460

沙田柚

一、主要产地

重庆市黔江区白石镇、黄溪镇、黑溪镇等 20 多个乡镇。

二、品质特征

沙田柚果实心脏形或梨形，重 0.8～2 kg，果蒂部短颈状，果实底平或微凹，常有一个圆形的印环，果皮黄色，中等厚，柚橼中等大，密生微凸，囊瓣长肾形，12～15 瓣，中心柱小，充实；法囊细长，淡黄白色，汁水适中，清甜脆嫩。

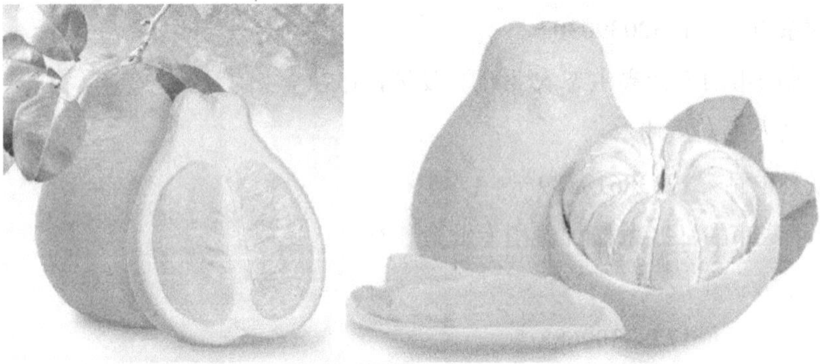

三、环境优势

黔江区位于重庆市东南边缘，北纬 30°，海拔高度 700～1000 m 区域以沙壤土为主，其土层深厚，有机质含量在 1%以上，中性偏酸，为沙田柚生长提供了良好的土壤条件。境内小溪、山泉众多，灌溉以山间泉水和天然降水为主，清洁无污染。黔江区四季分明，热量丰富，雨量充沛，昼夜温差大，是典型的山地立体气候，7～8 月均气温 26.8 ℃、全年日照时数 560 小时，此阶段的温度和光照特别适合果实生长、干物质积累、糖分转换。

四、收获时间

每年 11 月为沙田柚的收获期。

五、推荐贮藏保鲜和食用方法

贮藏保鲜：沙田柚鲜果室内常温保存。刚购买回来的沙田柚需要放置 1～2 天再食用，口感会更佳。

食用方法：鲜果剥皮直接食用，还可以榨汁喝，熬制果茶、果酱等。

六、市场销售采购信息

重庆市黔江区家渝家庭农场

联系人：周政

联系电话：13320390302

白玉枇杷

一、主要产地

黔江区黑溪镇、中塘镇、沙坝镇。

二、品质特征

白玉枇杷果实大，椭圆形或高扁圆形，果顶平凹；基部钝圆；萼片宽短，平展；萼筒大；果面淡橙黄色，绒毛多，绒毛呈灰白色，萼周绒毛长而密聚，深灰色。果面斑点呈圆形；果梗附近较多；白玉枇杷最显著的特点就是果肉洁白，果肉平均厚度 0.85 cm，肉质细腻易溶，汁多，风味清甜，品质佳，可溶性固形物 12%～14.6%，可食部分 70.55%，果皮薄韧易剥离。

三、环境优势

重庆市黔江区位于重庆市的东南边缘，地处神秘的北纬 30°海拔高度大多数在 400～1200 m，森林覆盖率高达 63.2%，生态环境优良，境内小溪山泉众多，清洁无污染。

四、收获时间

每年 5 月下旬～6 月初。

五、推荐贮藏保鲜和食用方法

冰箱冷藏；鲜食加工均可。

六、市场销售采购信息

1.重庆市黔江区睿智种养殖股份合作社
联系人：工慧文
联系方式：13908271963
2.重庆三磊田甜农业开发有限公司
联系方式：18223014889
3.黔江区庞益海家庭农场
联系人：庞益海
联系方式：13648287098

朵宇红辣椒

一、主要产地

重庆市黔江区朵宇农业发展有限公司位于鹅池镇治安村 3 组。

二、品质特征

朵宇的王中王辣椒形态均匀，椒身长 5～8 cm，宽 0.5～1.5 cm，为带梗带蒂的平板干辣椒。色泽暗红、油亮光洁，肉质厚，辣味适中，香味浓郁；蛋白质含量 16.6%，铁含量 8.4 g/kg 均优于参考值。小米辣形态均匀，椒身长 3～5 cm，宽 0.5～1 cm，小米辣的果实不仅含辣椒碱类成分，还含多种低沸点和高沸点挥发性羧，如异丁酸、异戊酸等；此外，小米辣还含有β-胡萝卜素、陷黄质、玉米黄质等营养物质，辣椒素含量 0.421%（参照值 0.16%），适宜不喜辛辣的人群食用。

三、环境优势

黔江区年降水量 720.2 mm，降水量适中。鹅池镇属山区，土壤为潮土亚类，土质有淤土、两合土、沙土等，土壤有机质含量高，土壤肥沃，疏松易耕，保水保肥能力强，适宜辣椒种植。

四、收获时间

每年 8 月下旬至 9 月下旬为朵宇红辣椒的收获期，9 月中旬为朵宇红辣椒最佳品质期。

五、推荐贮藏保鲜和食用方法

朵宇红辣椒鲜果可 0～4 ℃冷藏保存，亦可直接晾晒或烘干。干果可置于阴凉干燥处进行长时间保存。

朵宇红辣椒可直接食用，也可腌制辣椒酱，是中国美食不可缺少的调料之一。辣椒酱做法：①红辣椒洗净去蒂上锅；②蒸熟的辣椒晾凉后，用刀细剁碎；③大蒜剥皮后用刀切碎，细剁成蒜蓉；④锅里加适量植物油，油热后，倒入大汤匙甜面酱，小火炒制；⑤放入一大汤匙白糖，炒均匀；⑥倒入 50 g 白醋（用酿制白醋，不建议用勾对白醋），炒匀；⑦倒入剁好的辣椒，小火翻炒；⑧小火炒制珠酱盐稠时放人适量精盐；⑨关火，倒入蒜蓉翻炒均匀即可。

六、市场销售采购信息

黔江区朵宇农业公司

联系人：吴华山

联系电话：15923763905

桑枝黑木耳

一、主要产地

重庆市黔江区石会镇。

二、品质特征

黔江桑枝黑木耳耳大肉厚，耳面呈深黑色，耳瓣略展，朵面乌黑有光泽，耳背呈暗灰色，无结块。食之具有厚实、滑中带爽、鲜香味美的口感。

桑枝黑木耳中粗蛋白、总糖含量均高于野生柞树黑木耳和普通黑木耳；粗脂肪、粗纤维含量低于野生柞树黑木耳和普通黑木耳；富含 17 种氨基酸，包括 8 种人体必需氨基酸中的 7 种，利用桑枝条栽培的黑木耳不含防腐剂。具有降糖降脂，抗衰老，清除自由基，增强免疫力等功效，尤其适宜老人、小孩、孕妇、女孩食用。

三、环境优势

黔江桑枝黑木耳生产基地位于中国蚕桑之乡—重庆黔江，坐落于国家森林公园武陵仙山脚下，占地 400 余亩，是农业产业化市级龙头企业、国家蚕桑生物循环产业园、全国农业科技示范基地、国内唯一一家拥有全桑枝食药用菌种植技术的民营企业。

基地地处武陵地区，典型的亚热带季风气候，日照充足，昼夜温差大，非常适合菌类生长。基质采用蚕桑枝条，利用专利粉碎技术，袋料仿野生种植，科学管理，老窖溪水库原水浇灌，人工采摘，自然晾晒，物理防虫。从原料生产到出菇采收，零添加，原生态种植。

四、收获时间

每年 6 月～11 月是桑枝黑木耳的采收期。

五、推荐贮藏保鲜和食用方法

晒干后装入塑料袋密封，阴凉、通风、干燥处储藏。

推荐食用方法：桑枝黑木耳泡发后可用于凉拌、热炒、煎汤等。

六、市场销售采购信息

重庆弘凡生态农业开发有限责任公司

联系电话：18996951534、18996950547

桑枝猴头菇

一、主要产地

重庆市黔江区石会镇。

二、品质特征

黔江桑枝猴头菇个头均匀，色泽艳黄，质嫩肉厚，须刺完整，干燥无虫蛀，无杂质，直径 3.5～30 cm，与熊掌、海参和鲨鱼翅并列为四大名菜，肉嫩味香，鲜美可口，营养丰富，色、香、味上乘。

黔江桑枝猴头菇富含碳水化合物、纤维素、钠 、磷、钙、钾、镁、维生素等多种对人体有益物质。其含有的多肽、多糖、脂肪和蛋白质等活性成分，对消化道肿瘤、胃溃疡和十二指肠溃疡、胃炎、腹胀等有一定疗效。

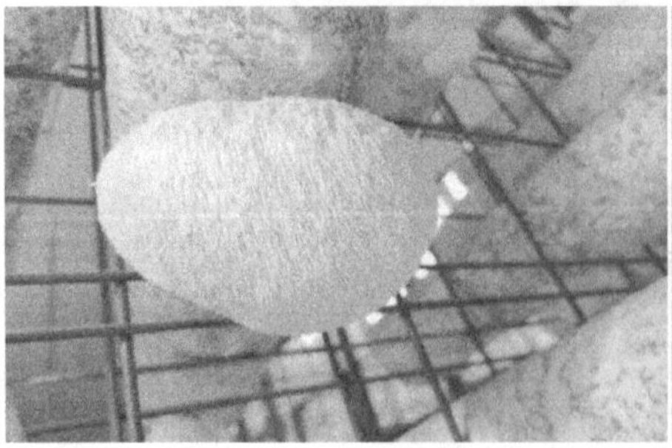

三、环境优势

黔江桑枝猴头菇生产基地位于中国蚕桑之乡—重庆黔江，坐落于国家森林公园武陵仙山脚下，占地400余亩，是农业产业化市级龙头企业、国家蚕桑生物循环产业园、全国农业科技示范基地、国内唯一一家拥有全桑枝食药用菌种植技术的民营企业。

基地地处武陵地区，典型的亚热带季风气候，日照充足，昼夜温差大，非常适合菌类生长。基质采用蚕桑枝条，利用专利粉碎技术，袋料仿野生种植，科学管理，老窖溪水库原水浇灌，人工采摘，自然晾晒，物理防虫。从原料生产到出菇采收，零添加，原生态种植。

四、收获时间

每年11月。

五、推荐贮藏保鲜和食用方法

置干燥处，防蛀。

推荐食用方法：桑枝猴头菇泡发30分钟以上后可煎炒、煲汤，红烧等。

六、市场销售采购信息

重庆弘凡生态农业开发有限责任公司

联系电话：18996951534、18996950547

黔邻梯田米

一、主要产地

黔江区邻鄂镇高坪村。

二、品质特征

黔邻梯田米颗粒饱满均匀，纺锤形，长粒，米白色，透明，有光泽。煮饭爽滑可口，具有清新香味，口感佳，饭粒条状而不烂。

整精米率 59.0%，长宽比 3∶0，垩白粒率 13%，垩白度 2.3%，胶稠度 64 mm，直链淀粉含量 18.7%，达到国家《优质稻谷》标准 2 级。

三、环境优势

黔邻梯田其名高坪梯田，位于重庆市黔江区邻鄂镇高坪村，海拔在 730～1000 m 之间，面积 2000 余亩，是黔江区文物保护单位。近年在区农技中心指导下，集成应用“稻＋鱼”“稻＋鳅”等“水稻＋”绿色高质高效模式提升稻米品质。梯田距黔江城区 45 km，周围无工业企业，采用溶洞水灌溉，日照时间充足，适合优质水稻生长。

黔江区志钊
专业合作社

四、收获时间

每年 10 月收获。

五、推荐贮藏保鲜和食用方法

贮藏保鲜：置于阴凉干燥处，避免阳光直射。
按照日常稻米食用方法使用即可。

六、市场销售采购信息

1.832 农副产品销售平台
2.重庆市黔江区芩莫农业专业合作社
联系电话：13896412567

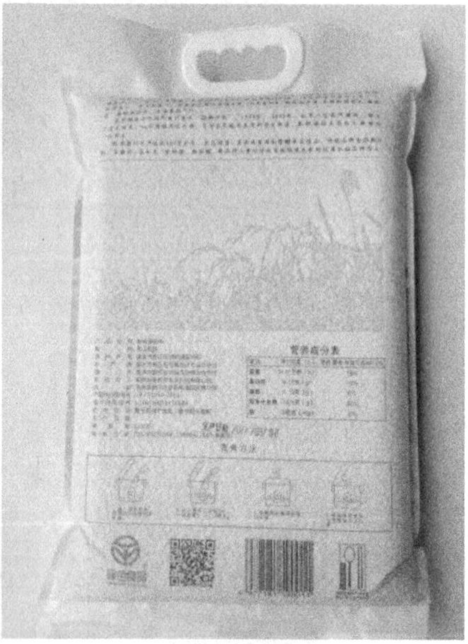

南瓜籽油

一、主要产地

重庆市黔江区舟白街道。

二、品质特征

以先进的冷榨工艺物理压榨而成，充分保留南瓜籽仁的营养精华，呈现独特的天然玫瑰红色，采用冷榨生产质量好、安全性高、无任何化学溶剂残留。含有丰富的不饱和脂肪酸、对泌尿系及前列腺增生具有良好的治疗和预防作用。尤其是锌、镁、钙、磷含量极高。降低胆固醇，对心脑血管疾病、糖尿病具有预防和保健作用。

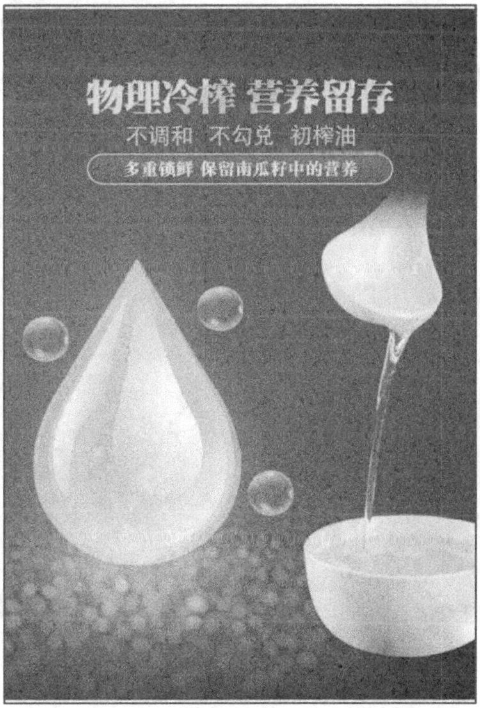

三、环境优势

重庆市黔江区水市镇海拔高度在 800～1100 m 不等，属半高山半丘陵地带，土壤为三潮土亚类，土质有淤土，两合土，沙土以及腐质土，土壤有机成分含量高，土壤肥沃，土质肥多，养分含量较高，终年平均降雨量在 720 mm 左右，全年多季在云雾缭绕中，保水保湿保肥能力较强。

四、收获时间

通常在国庆后大量采收，集中分拣和深加工。

五、推荐贮藏保鲜和食用方法

1.恒温贮藏

避光、时常保持良好的清洁、通风，无虫害无污染。

2.食用方法

直接食用、拌面、拌菜等，切忌不能经过高温食用，以免影响营养成分损坏。

六、市场销售采购信息

重庆有益农业开发有限公司销售

联系人：余官谦

联系电话：13320395807

“渝黔”高山野生红茶

一、主要产地

重庆市黔江区水市镇。

二、品质特征

“渝黔”高山野生红茶形态均匀呈针叶状，采用优质的一心一芽或一心二芽作为生产源料，通常长度在 0.6～1.2 cm，宽度 0.2～0.4 cm，呈暗红褐色，条索均匀，光亮整洁，肉质较厚、汤色红褐明亮，叶底清泽，口感纯厚，糊香味浓郁，常饮有健脾开胃，辅助降三高之功效。

三、环境优势

重庆市黔江区水市镇海拔高度在 800～1100 m，属半高山半丘陵地带，土壤为三潮土亚类，土质有淤土、两合土、沙土以及腐质土，土壤有机成分含量高，土壤肥沃，土质肥多，保水保湿保肥能力较强，终年平均降雨量在 720 mm 左右，全年多季在云雾缭绕中，适宜茶树生长。

四、收获时间

春茶：通常在清明前后 10 天，谷雨之前大量采收，集中分拣和深加工。

夏茶：在 6～7 月采收。

秋茶：在 8～9 月采收。

五、推荐贮藏保鲜和食用方法

保存在避光、通风、阴凉处。

食用方法：

1.泡功夫茶，要求专用茶具，沏茶，随泡随渴，香气扑鼻，芬芳四溢。

2.个人时，用带有茶隔的茶具沏茶，随泡随渴，切忌不能长时间在茶壶里焖煮，以免影响口感。

六、市场销售采购信息

重庆安心红农业开发有限公司销售

联系人：邹廷荣

联系电话：13896466578

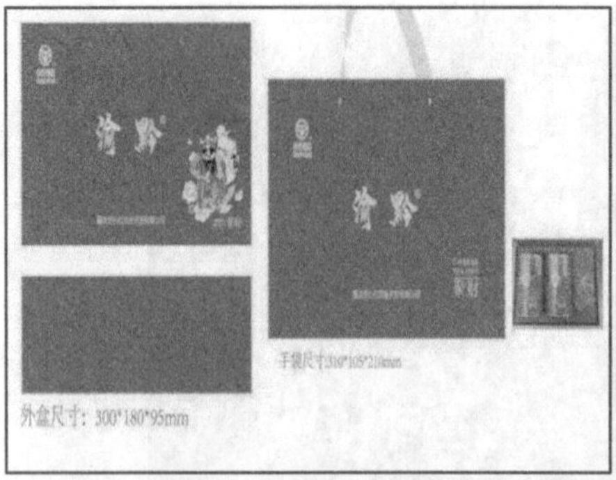
渝黔
手袋尺寸:300*105*210mm
外盒尺寸:300*180*95mm

渝黔

红茶
产品名称:红茶
净含量:400g
GF500114182738
13272597627
409019

渝黔
红茶
BLACK
TEA

“渝黔”高山野生绿茶

一、主要产地

重庆市黔江区水市镇。

二、品质特征

“渝黔”高山野生绿茶形态均匀呈针叶状，采用优质的一心一芽或一心二芽作为生产源料，通常长度在0.5～1.1 cm，宽度0.15～0.3 cm，色泽翠绿、外形匀整、白毫显露、条索卷曲、香气清嫩、滋味鲜浓、回味甘甜、汤色清澈、叶底明亮，芽头肥壮。

三、环境优势

重庆市黔江区水市镇海拔高度在800～1100 m，属半高山半丘陵地带，土壤为三潮土亚类，土质有淤土、两合土、沙土以及腐质土，土壤有机成分含量高，土壤肥沃，土质肥多，保水保湿保肥能力较强，终年平均降雨量在720 mm左右，全年多季在云雾缭绕中，适宜茶树生长。

四、收获时间

通常在清明前后 10 天，谷雨之前大采收，集中分拣和深加工。

五、推荐贮藏保鲜和食用方法

保存在避光、通风、阴凉处。

食用方法：用 90 ℃水沏茶，随泡随渴，切忌不能长时间在茶壶里闷煮，以免影响口感。

六、市场销售采购信息

重庆安心红农业开发有限公司销售

联系人：邹廷荣

联系电话：13896466578

武陵仙山五福大米

一、主要产地

重庆市黔江区白石镇鞍山村武陵仙山五福绿色水稻生产基地、中塘镇兴泉社区武陵仙山五福有机水稻生产基地。

二、品质特征

武陵仙山五福大米呈细长型，整体呈半透明；粒形整齐一致，颗粒饱满，质地坚硬，口感香糯、柔软，香味浓郁。

三、环境优势

产地处武陵山腹地、渝东南中心地带，气候温和，四季分明，热量丰富，雨量充沛，季风明显。年均气温 15.4 ℃，极端最高气温 38.6 ℃，极端最低气温 5.8 ℃。基地四周环山，附近无工业企业，空气清新，基地稻田里生长有野生泥鳅，青蛙成群。

四、收获时间

每年 9 月为武陵仙山五福大米的收获期。

五、推荐贮藏保鲜和食用方法

大米贮藏在阴凉、干燥、通风处。

蒸煮方法：

1.下 3 杯米入饭锅中（可供一家四口食用）。

2.注入清水，（比例：1 杯米对 1.3 杯清水计算），不须淘洗，只须浸泡 10 分钟。

3.开启电源，在炊煮过路中，不得掀开锅盖或搅拌米粒。

4.米饭煮熟，即可食用。

六、市场销售采购信息

重庆市黔江区八八八农机专业合作社

联系人：甘经理

联系电话：13032335262

黔江藤茶

一、主要产地

重庆市黔江区邻鄂镇。

二、品质特征

藤茶俗称长寿茶、龙须茶、甘露茶。入口微苦，5 秒过后，一股奇妙的甘甜自喉咙慢慢延伸至舌尖，沁人心脾，回味悠长。

民间对藤茶素有“三两黄金　两茶”的赞誉，经检测藤茶富含人体必需的 17 种氨基酸和 14 种微量元素以及较高成分的黄酮素，其黄酮含量居自然界植物之首，有植物界“黄酮之王”之称。藤茶不仅是一款纯天然的绿色饮料，更是一款药效保健性能很强的茶中奇葩。

三、环境优势

“塞上藤”黔江藤茶生长在海拔 1100 m，常年云雾缭绕的国家森林公园之中，公司严格按绿色食品茶园的生产技术规程进行管理，不施化肥不打农药，只施有机肥，全程人工除草。

四、收获时间

每年 5～9 月。

五、推荐贮藏保鲜和食用方法

通风、防潮、防晒处贮藏。

冲泡方法：每次取 5～6 g 的藤茶放入保温杯中，然后冲入 300 ml 的沸水，盖上杯盖焖泡 10 分钟后，饮用茶汤，每次放入的茶叶可以反复冲泡 2～3 次。

六、市场销售采购信息

商超、抖音、电商（832 平台、京东）。

重庆捷鑫生态农业发展有限公司

联系人：罗启合

联系电话：13908278698

马喇湖贡米

一、主要产地

重庆市黔江区马喇镇杉树村、龙溪村。

二、品质特征

马喇湖贡米色泽光亮、晶莹剔透、天然清香、呈油浸状，蒸煮而成的米饭口感细腻、松软适中、芳香四溢，可口营养，是居家和馈赠的臻品。

先后通过国家绿色食品认证、国家农产品地理标志认证，入选国家名特优新农产品名录、新华社民族品牌工程产品，获得重庆市“巴味渝珍”公共品牌和黔江区“山韵黔江”公共品牌授权，先后获得第十九届中国西部（重庆）国际农产品交易会“最受市场欢迎农产品”、第二十届中国绿色食品博览会金奖等殊荣。

三、环境优势

马喇湖贡米产地马喇镇平均海拔 800 m 左右，属亚热带季风性湿润气候，年平均气温在 18 ℃左右，夏季平均气温 27～29 ℃，森林覆盖率达 39%，灰千原始森林在马喇境内就有 3 万亩。同时，马喇镇龙溪村、杉树村常年有 9 个四季流量大于 0.5 立方米的龙洞泉水而得名“九龙溪”，泉水水质达到国家饮用水 1 级标准，是马喇湖贡米的主要灌溉水系。得天独厚的地理环境和无以伦比的光温水土资源造就了天然高档精品大米生产的绝佳区域。

四、收获时间

每年 9 月下旬为马喇湖贡米收获期。

五、推荐贮藏保鲜和食用方法

贮藏保鲜：建议密封容器保存，置于通风阴凉干燥处。

按照日常大米食用方法使用即可。

六、市场销售采购信息

1.中信易家电子商务有限公司

2.上海殷诚信息技术服务有限公司

3.北京中信书店有限责任公司

4.马上消费金融股份有限公司

5.832 脱贫地区农副产品网络销售平台

联系人：马禹

联系电话：15923050500

马喇湖贡米
营养健康 美味享受
馬喇湖
贡米
MALAHU RICE
5

山韵黔江
馬喇湖
贡米
MALAHU RICE
5

重庆名牌农产品
馬喇湖
贡米 MALAHU RICE

馬喇湖
贡米 MALAHU RICE

粒晶莹剔透
泽明亮，晶莹剔透

甜
清甜可口
嫩粘劲道，吃
出自然的味道

香
香糯软滑
独具清雅香味，入口糯软有弹性

黔江猕猴桃

一、主要产地

重庆市黔江区所辖城东街道、城南街道、中塘镇、阿蓬江镇等共计 30 个乡镇（街道）。

二、品质特征

黔江猕猴桃主栽有三个品种：

1.翠香猕猴桃

果实微扁卵圆形；果皮绿褐色，果面茸毛较细密；果肉深绿色；果心白色似月牙状，柔软，纤维少。可溶性固形物 14.8%、总酸（g/100 g）0.71、维生素 C（mg/100 g）133，果肉细嫩、汁多，风味浓，酸甜适口。

2.翠玉猕猴桃

果实短圆锥形；果皮绿褐色，果面光滑无毛，果点平、中等密；果肉绿色，柔软，纤维少。可溶性固形物 17.9%、总酸（g/100 g）1.13、维生素 C（mg/100 g）117，汁多、味甜、耐储藏。

3.红阳猕猴桃

果实短圆柱形；果皮光滑无毛、淡绿色；果肉黄色或淡黄色，沿果心有紫红色呈放射状分布；果心金黄色，小且柔软。可溶性固形物 18.7%、总酸（g/100 g）0.55、维生素 C（mg/100 g）100，果肉细嫩、汁多、味甜。

三、环境优势

重庆市黔江区位于重庆市的东南边缘，荣获“绿色中国•杰出绿色生态城市”“中国清新清凉峡谷城”“中国森林氧吧”等称号。独特的低山漕谷地貌，海拔高度大多数在 500～1000 m，森林覆盖率高达 60.2%，生态环境优良，境内小溪山泉众多，灌溉以山泉水和天然雨水为主，清洁无污染。黔江区属中亚热带湿润性季风性气候，气候温和，四季分明，年均气温 15.7 ℃，具有典型的山地立体气候特征，早晚温差大，有利于猕猴桃果实糖分积累，品质佳。

四、收获时间

每年 8～9 月为黔江猕猴桃收获时间。其中 9 月中旬为翠香猕猴桃最佳品质期；8 月中旬为红阳猕猴桃最佳品质期；9 月底为翠玉猕猴桃最佳品质期。

五、推荐贮藏保鲜和食用方法

贮藏保鲜：放置在房间常温处即可，或者 3～5 ℃下冷藏存放。不可将猕猴桃拿出放置通风处，这样水分流失，就会越来越硬。

食用方法：挑选外软的猕猴桃，去皮后食用。

六、市场销售采购信息

1.重庆三磊田甜农业开发有限公司

联系电话：18223014889

2.重庆市黔江区睿智种养殖股份合作社

联系人：王慧文

联系电话：13908271963

3.重庆市黔江区在甲农业股份合作社

联系人：庞一中

联系电话：13908272357

黔江羊肚菌

一、主要产地

重庆市黔江区城东街道、石会镇、中塘乡等 23 个乡镇、街道。

二、品质特征

黔江羊肚菌菌柄长约 35 cm，菌盖呈圆锥形，顶端稍尖，棱纹排列整齐，肉厚，久煮不烂，香味浓郁。

黔江羊肚菌蛋白质、膳食纤维、铁含量均优于同类产品参照值，品质优，其天然抗氧化剂麦角硫因的含量高达 500 mg/kg，具有显著地域特征。

三、环境优势

重庆市黔江区位于重庆市的东南边缘，地处神秘的北纬 30°海拔高度大多数在 400～1200 m，森林覆盖率高达 632%，生态环境优良，境内小溪山泉众多，清洁无污染。独特的低山槽谷地貌，小气候明显，11 月～次年 4 月的月均气温在 0～15 ℃，是羊肚菌生长的最适温度。

四、收获时间

黔江羊肚菌的采收时间在 2 月中旬～5 月中旬，最佳品质期在每年的 2 月底～4 月中旬。

五、推荐贮藏保鲜和食用方法

贮藏保鲜：新鲜羊肚菌宜用食品袋密封包装，在 15 ℃下可保存 5～20 天。羊肚菌干品密封放置在避光、气温 15 ℃以下，可保存 1～3 年。

羊肚菌干品发泡方法：第一步除尘，将羊肚菌干品装人可以沥水的洗菜盆，用自来水直接冲洗 5～10 秒，边冲边摇。第二步发泡，将除尘后的羊肚菌装入洗菜盆，再加人适量 45～50 ℃的温水（以刚刚浸没过菇面为宜）静置浸泡 30 分钟以上，捞出羊肚菌备用。泡发羊肚菌的酒红色原汤经沉淀后取清澈部分用于烧菜或煲汤。

六、市场销售采购信息

1.农掌柜数据科技有限公司

联系人：许鑫

联系方式：18883193793

2.重庆市黔江区佳德源菌业股份合作社

联系人：王方海

联系方式：18996955166

3.重庆市黔江区羊肚菌产业技术协会

联系人：曾凡平

联系方式：15334623520

联系人：聂明亮

联系方式：13364096200

黔江地牯牛

一、主要产地

重庆市黔江区。

二、品质特征

黔江地牯牛块茎外形短节状、一般5～7节，两头略尖、呈纺锤形、似蚕体，根茎白嫩、晶莹剔透，块茎致密多汁、质坚脆、易折断。每100 g含蛋白质≥2.2 g、脂肪≥0.3 g、胡罗卜素≥13.7 μg。

三、环境优势

黔江区独特的低山漕谷地貌，海拔高度大多数在600～1000 m，森林覆盖率高达68.2%，生态环境优良，粗骨黄泥土是该区域主要土壤类型，土质疏松、通透性好，适宜地牯牛生长。主要河流阿蓬江横穿黔江，境内山泉溪流众多。灌溉以溪（泉）水和雨水为主，清洁无污染。黔江区属中亚热带湿润性季风性气候，气候温和，四季分明，热量丰富，雨量充沛，季风明显，具有典型的山地立体气候特征。600～1000 m 区域年均气温 13.4～15.7 ℃，最适宜地牯牛生长。

四、收获时间

每年 12 月～次年 1 月。

五、推荐贮藏保鲜和食用方法

开袋即食。

六、市场销售采购信息

重庆市蓬江食品有限公司
联系人：倪明江
联系电话：13709480948

阿蓬江柑桔

一、主要产地

重庆市黔江区阿蓬江沿岸乡镇。

二、品质特征

果实扁圆形，果形端庄整齐，果面洁净光滑，光泽度好，果皮金黄色至橙红色，酸甜适度，果肉细嫩化渣。

三、环境优势

阿蓬江柑桔产区土壤肥沃，引山泉水灌溉，水质优良，富含柑桔生长发育必需的矿质元素，气候为典型的山地立体气候，雨日丰沛，冬无严寒，夏无酷暑，非常适宜柑桔成花、坐果及果实生长发育。阿蓬江柑桔种植区域是石灰岩发育的土壤为主，部分土壤是页岩发育，其天然富含磷、钾、钙等矿质营养成分，有机质含量高，造就阿蓬江柑桔明显优于同类产品的独特品质。

四、收获时间

每年 11 月～次年 2 月。

五、推荐贮藏保鲜和食用方法

冷藏储存，保质期约为 20 天。

六、市场销售采购信息

1.重庆蓬蜜农业发展有限公司
联系人：周开金
联系电话：13896680098
2.重庆市黔江区峡韵生态农业专业合作社
联系人：张敏
联系电话：15823622088

黔江肾豆

一、主要产地

重庆市黔江区。

二、品质特征

黔江肾豆源于重庆黔江区海拔1000多米左右的高山，黔江区位于重庆市东南部，是渝、鄂、湘、黔四省市的结合部，处武陵山区腹地，气候温和，四季分明，热量丰富，雨量充沛。得天独厚的生长环境赋予了黔江肾豆优秀的品质，肾豆含有大量的α-亚麻酸和维生素、氨基酸及矿物质，是高淀粉高蛋白质无脂肪的纯天然保健食品，以前是土司的贡品。

三、环境优势

重庆市黔江区水市镇海拔高度在800～1100 m不等，属半高山半丘陵地带，土壤为三潮土亚类，土质有淤土，两合土，沙土以及腐质土，土壤有机成分含量高，土壤肥沃，土质肥多，养分含量较高，终年平均降雨量在720 mm左右，全年多季在云雾缭绕中，保水保湿保肥能力较强。

四、收获时间

通常在 10 月大量采收，集中分拣和深加工。

五、推荐贮藏保鲜和食用方法

1.恒温贮藏，避光、时常保持良好的清洁、通风，无虫害无污染。

2.食用方法

炖鸡、炖排骨、炖猪脚、炖牛肉、煮熟后炒。

六、市场销售采购信息

重庆有益农业开发有限公司销售

联系人：余官谦

联系电话：13320395807

黔江平菇

一、主要产地

重庆市黔江区城西街道迎宾社区。

二、品质特征

黔江平菇菌盖直径 5～12 cm，有时可达 20 cm，幼时半球形，后呈扁平至稍扁平，表面菱色、浅褐色、深褐色至深肉桂色，中部往往有深色鳞片，质地厚实、脆滑爽口、鲜香味美。

平菇是一种食用菌，含丰富的营养物质，具有追风散寒、舒筋活络的功效。另外，对预防癌症、调节妇女更年期综合征、改善人体新陈代谢、增强体质都有一定的好处。

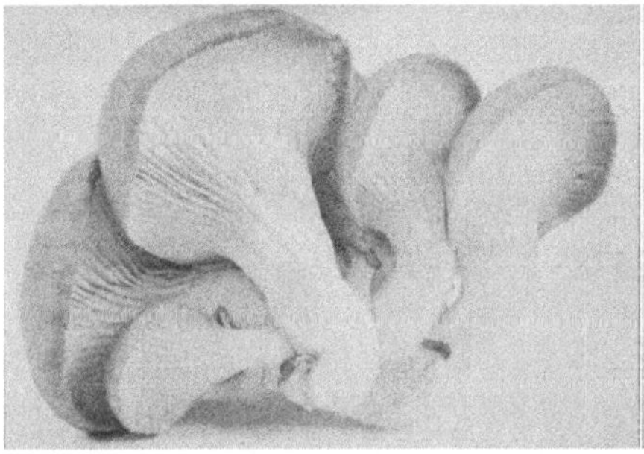

三、环境优势

黔江区地处渝东南武陵山区，属中亚热带湿润性季风性气候，海拔高度大多在 500～1000 m，相对高度差较大。气候温和，四季分明，热量丰富，雨量充沛，季风明显，年均气温 15.4 ℃，平均降雨量为 1200.1～1389 mm，无霜期 273 天，适宜菌类种植。

四、收获时间

全年均为生产期。

五、推荐贮藏保鲜和食用方法

贮藏保鲜：密封保存、放置于冷库中冷藏保存。

推荐食用方法：平菇可炒、炸、煲汤等。

六、市场销售采购信息

重庆市黔江区强通食用菌种植专业合作社

联系电话：15320955828、13896875785

桑枝干香菇

一、主要产地

重庆市黔江区石会镇。

二、品质特征

黔江桑枝干香菇体圆，齐整，质干脆而不碎，是四季可食的美味佳肴，享有“素中之肉”之称。

黔江桑枝干香菇含有蛋白质、脂肪、碳水化合物、膳食纤维、维生素、矿物质、氨基酸等多种物质。经常食用有益人体健康。

三、环境优势

黔江桑枝干香菇生产基地位于中国蚕桑之乡—重庆黔江，坐落于国家森林公园武陵仙山脚下，占地400余亩，是农业产业化市级龙头企业、国家蚕桑生物循环产业园、全国农业科技示范基地、国内唯一一家拥有全桑枝食药用菌种植技术的民营企业。

基地地处武陵地区，典型的亚热带季风气候，日照充足，昼夜温差大，非常适合菌类生长。基质采用蚕桑枝条，利用专利粉碎技术，袋料仿野生种植，科学管理，老窖溪水库原水浇灌，人工采摘，自然晾晒，物理防虫。从原料生产到出菇采收，零添加，原生态种植。

四、收获时间

当年 11 月～次年 4 月。

五、推荐贮藏保鲜和食用方法

桑枝干香菇采用低温、通风、避光、密封单独贮存。

推荐食用方法：桑枝干香菇泡发后可多种菜肴混合烹调，既可冷拼凉拌，又可红烧、煎炒、熬炖，还可做馅、炸酱、烧汤等。

六、市场销售采购信息

重庆弘凡生态农业开发有限责任公司

联系电话：18996951534、18996950547

桑枝赤松茸

一、主要产地

重庆市黔江区石会镇。

二、品质特征

黔江桑枝赤松茸朵大，色泽艳丽，肉质细嫩，盖滑柄脆，清香可口，具有色美、味鲜、嫩滑、爽脆、口感好等特点。

桑枝赤松茸富含粗蛋白、脂肪、碳水化合物，包含所有人体所必需的氨基酸及其它氨基酸共17种。还含有人体必需的磷、钙、铁、镁等多种矿物质。

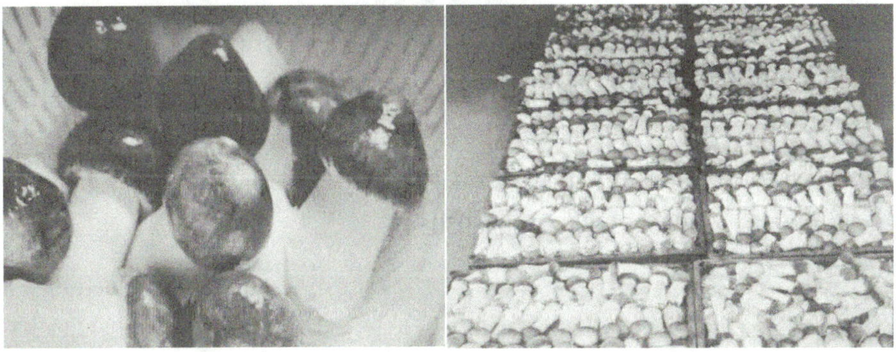

三、环境优势

黔江桑枝干香菇生产基地位于中国蚕桑之乡—重庆黔江，坐落于国家森林公园武陵仙山脚下，占地400余亩，是农业产业化市级龙头企业、国家蚕桑生物循环产业园、全国农业科技示范基地、国内唯一一家拥有全桑枝食药用菌种植技术的民营企业。

基地地处武陵地区，典型的亚热带季风气候，日照充足，昼夜温差大，非常适合菌类生长。基质采用蚕桑枝条，利用专利粉碎技术，袋料仿野生种植，科学管理，老窖溪水库原水浇灌，人工采摘，自然晾晒，物理防虫。从原料生产到出菇采收，零添加，原生态种植。

四、收获时间

每年 11 月。

五、推荐贮藏保鲜和食用方法

贮藏保鲜：鲜品可常温保鲜，也可冰箱冷藏保存；干制品放置在阴凉通风处避光密封保存。

推荐食用方法：干松茸在食用前需要放入 40 ℃的温水中浸泡 2 分钟，待其恢复弹性后，即可用于蒸食、煲汤以及其他各种烹饪方法。

六、市场销售采购信息

重庆弘凡生态农业开发有限责任公司

联系电话：18996951534、18996950547

桑枝黑皮鸡枞

一、主要产地

重庆市黔江区石会镇。

二、品质特征

黔江桑枝黑皮鸡枞呈现出深棕色到黑色，质地较重，菌褶上下对称，密集排列的特点，具有味道更加浓郁，有独特的香味和风味。

黔江桑枝黑皮鸡枞含有丰富的含蛋白质、碳水化合物、钙、磷、维生素、烟酸等。蛋白质中含有多种氨基酸，其中人体必需的氨基酸含量齐全。鸡枞菌具有较高的药用价值，也是我国传统的药用真菌之一。

三、环境优势

黔江桑枝干香菇生产基地位于中国蚕桑之乡—重庆黔江，坐落于国家森林公园武陵仙山脚下，占地400余亩，是农业产业化市级龙头企业、国家蚕桑生物循环产业园、全国农业科技示范基地、国内唯一一家拥有全桑枝食药用菌种植技术的民营企业。

基地地处武陵地区，典型的亚热带季风气候，日照充足，昼夜温差大，非常适合菌类生长。基质采用蚕桑枝条，利用专利粉碎技术，袋料仿野生种植，科学管理，老窖溪水库原水浇灌，人工采摘，自然晾晒，物理防虫。从原料生产到出菇采收，零添加，原生态种植。

四、收获时间

每年 3～10 月。

五、推荐贮藏保鲜和食用方法

贮藏保鲜：可常温保鲜，也可冰箱冷藏保存。

推荐食用方法：食用前要将鸡枞用清水洗净，沥干水分，无需经开水浸煮，即可切条烹调。可配合家里的菜肴用炒、煮、炖的手法烹饪出极富特色又绝对清香美味之佳肴。

六、市场销售采购信息

重庆弘凡生态农业开发有限责任公司

联系电话：18996951534、18996950547

农掌柜高山冷水米

一、主要产地

重庆渝东南武陵山贡米原产地核心区。

二、品质特征

农掌柜高山冷水米使用专业设备烘干脱壳、碾磨、筛选、分装，米粒晶莹剔透、粒粒分明、饭粒长尖、不成团、煮饭满屋飘香，当季稻谷储存在 25 ℃以下的仓库，最大程度保鲜稻谷，保持营养均衡。

农掌柜高山冷水米亩产 500 斤稻谷，100 斤稻谷里只能加工 57 斤米，再从加工的不同海拔高度的大米中优选优质大米，其中海拔 600 m：从加工的大米中优选 40%的优质大米；海拔 800 m：从加工的大米中再精选 30%优质大米；海拔 1000 m：从加工的大米中精选 20%的优质大米。

三、环境优势

农掌柜高山冷水米优选一级优质水稻，核心贡米种植基地生态环境优良，为高山冷水米提供了独特的生长环境，基地属亚热带季风气候，年平均气温 22.5 ℃，光照充足，昼夜温差大，水稻安全生长期 210 天左右。采用山泉水浇灌，冬季冷水泡田，全程自然生长。

四、收获时间

一般是在 9 月上旬～9 月下旬采收。

五、推荐贮藏保险和食用方法

建议密封容器保存，置于通风阴凉干燥处。

食用方法：根据需求加入适当的米，米水比例 1∶1～1.3 之间，煮熟后保温 10 分钟口味更佳，趁热食用较好。

六、市场销售采购信息

农掌柜数据科技有限公司

联系人：许鑫

联系电话：18883193793

深耕小面调料

一、主要产地

重庆市黔江区石会镇重庆深耕食品有限公司。

二、品质特征

深耕小面调料选材精良，严格配比，搭配绿色无污染的辣椒、花椒、芝麻以及植物香辛料等增香食材，制成地道风味重庆小面调料，麻辣够味，口口鲜香，回味悠长，纯绿色无添加手工制作，配伍祖传秘制配方精制，富含多种对身体有益的维生素和微量元素。产品决不添加色素、香精、辣椒精、防腐剂等任何化学添加剂。

（附：绿色食品检测报告）

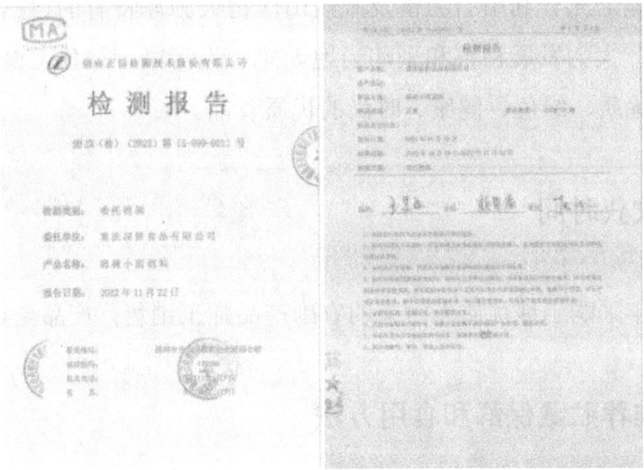
MA

检 测 报 告

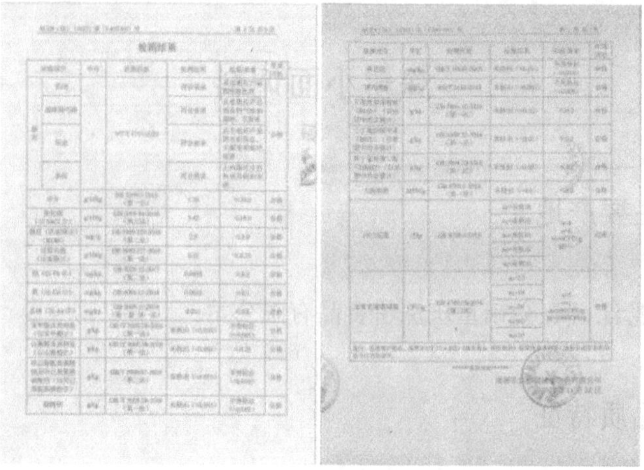

三、环境优势

重庆深耕食品有限公司位于重庆市黔江区石会镇，属于重庆市“一圈两翼”的渝东南武陵仙山腹地，武陵仙山森林覆盖率高，大自然的天然氧吧，空气清新无工业污染。公司以石会镇武陵仙山及周边乡镇作为加工生产的原材料生产基地，充分利用石会镇及武陵山区得天独厚特有的自然环境和土地资源的优势，大力发展种植和采购当地天然、无污染、绿色、健康的加工原材料，生产优质、绿色、健康、时尚的优质食品。

四、收获时间

公司全年采购当地优质无污染的农副产品加工销售，产品全年均有销售。

五、推荐贮藏保鲜和食用方法

产品出厂保质期为 18 个月，避免太阳爆晒，常温保存，开盖即食。

六、市场销售采购信息

线上线下均有销售

联系电话：023-79615559

蒲女士：1862335951

产品市场零售价：

礼盒款	普惠款	精装麻辣款（方瓶）	精装香辣款（方瓶）
21.8 元/瓶	15.8 元/瓶	15.8 元/瓶	15.8 元/瓶

方瓶麻辣款　方瓶香辣款　彩标（普惠款）　金标（礼盒款）

深耕油辣子

一、主要产地

重庆市黔江区石会镇重庆深耕食品有限公司。

二、品质特征

深耕牌油辣子产品精选本地优质食材，纯绿色手工制作，配伍祖传秘制配方精制，富含多种对身体有益的维生素和微量元素。产品不添加色素、香精、辣椒精、防腐剂等任何化学添加剂，长期食用对身体有益。本产品食用后不火不燥、辣味适中、香得垂涎、口感鲜香酥脆。建议用于凉拌菜、下饭、汤面等，也可以直接食用，是佐餐之必备佳品。

（附：油辣子绿色食品检测报告）

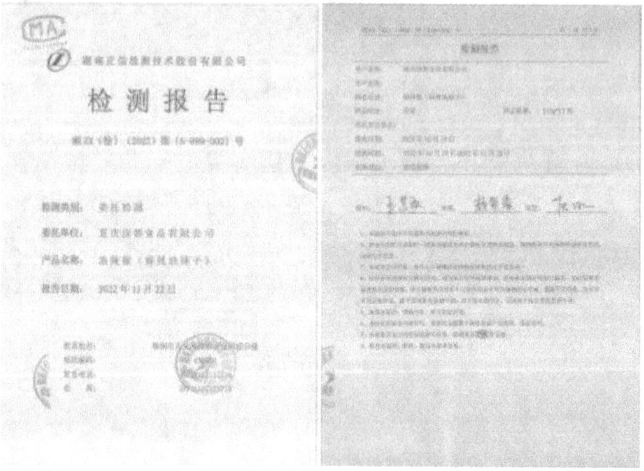
检 测 报 告

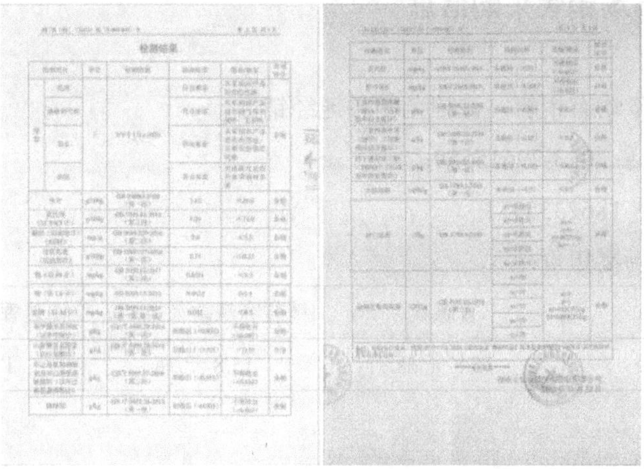
检测结果

三、环境优势

重庆深耕食品有限公司位于重庆市黔江区石会镇，属于重庆市“一圈两翼”的渝东南武陵仙山腹地，武陵仙山森林覆盖率高，大自然的天然氧吧，空气清新无工业污染。公司以石会镇武陵仙山及周边乡镇作为加工生产的原材料生产基地，充分利用石会镇及武陵山区得天独厚特有的自然环境和土地资源的优势，大力发展种植和采购当地天然、无污染、绿色、健康的加工原材料，生产优质、绿色、健康、时尚的优质食品。

四、收获时间

全年均为生产期。

五、推荐贮藏保鲜和食用方法

产品出厂保质期为18个月，避免太阳爆晒，常温保存，开盖即食。

六、市场销售采购信息

线上线下均有销售，诚招全国各地经销商

联系电话：023-79615559

蒲女士：1862335951

产品市场零售价：

礼盒款	普惠款	精装麻辣款（方瓶）	精装香辣款（方瓶）
21.8 元/瓶	15.8 元/瓶	15.8 元/瓶	15.8 元/瓶

金标（礼盒款）

彩标（普惠装）

方瓶麻辣款

方瓶香辣款

魔道吉魔芋制品

一、主要产地

重庆市魔道吉食品有限公司魔芋制品原材料魔芋，产自黔江区水市镇大山村重庆仁禹山食品有限公司旗下所有基地。

二、品质特征

魔芋块茎扁球形，直径 0.7～25 cm，顶部中央下凹，中央着生一大型顶芽，鳞片叶肉红色，皮褐色，肉质乳白，有时微红；根状茎长 5～20 cm，顶端膨大或不膨大。叶柄长 10～150 cm，茎部粗 0.3～7 cm，黄绿色或淡红色，光滑，有绿褐色斑块颈部周围着生数量不等肉质根及纤维状须根。魔芋熟制品脆滑有弹性，韧性好。

三、环境优势

重庆仁禹山食品有限公司旗下魔芋基地位于黔江区水市镇大山村，距黔江城 53 km，该区域森林覆盖率 62.5%，降雨充沛、湿度较高，冬无严寒、夏无酷暑、温度适宜，土壤疏松、土质肥沃，平均海拔为 1200 m，立体型气候显著，属典型的高寒山区，非常适合对种植环境要求较为苛刻的魔芋生长。

四、收获时间

每年 10 月底为魔芋的最佳采收期。

五、推荐贮藏保鲜和食用方法

魔芋贮存在阴凉干燥通风处，避光保存，勿冷冻。

魔芋熟制品按包装袋上使用说明食用。

六、市场销售采购信息

魔芋基地：重庆仁禹山食品有限公司

魔芋熟制品：重庆市魔道吉食品有限公司

联系人：周远华

联系电话：17708379998

七、产品

重庆仁禹山食品有限公司的魔芋销往重庆市魔道吉食品有限公司，主要用于加工成如下产品：

产品包装图：

魔芋牦肚（袋装）

魔芋片（袋装）

魔芋丝结（袋装）

魔芋丝结（盒装）

产品实拍图：

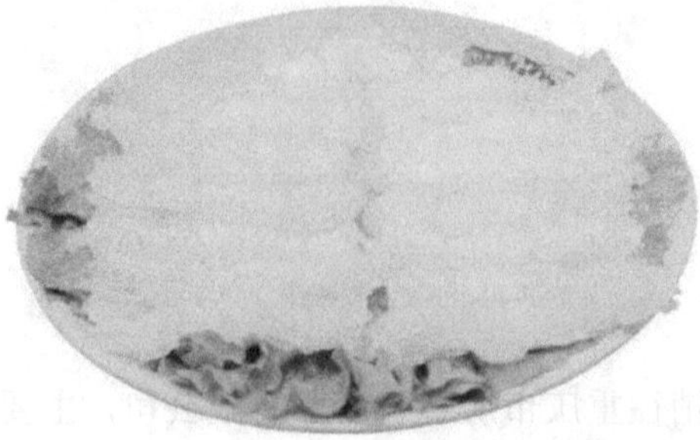

魔芋丝结

魔芋片

魔芋爆肚

黔江鸡杂

一、主要产地

重庆市黔江区。

二、品质特征

以土坛泡椒、泡萝卜、泡姜等辅料，通过自然发酵而成，与鸡杂的味道浑为一体，形成独有的黔江鸡杂风味。以鸡胗、鸡肠、鸡小肚、鸡心等，佐以土坛泡椒、泡萝卜、泡姜等辅料，传统方法秘制而成。鸡杂酸辣鲜香，飘香可口。鸡心鲜嫩，鸡肠入味，鸡胗爽脆，让人胃口大开，纯正的地道味道，让人流连忘返，吃了还想吃。黔江鸡杂制作技艺被评为重庆市非物质文化遗产，被评为重庆十大特产新名片。

三、市场销售采购信息

农掌柜数据科技有限公司

联系人：许鑫

联系方式：18883193793

斑鸠豆腐

一、主要产地

重庆市黔江区石会镇。

二、品质特征

斑鸠豆腐在民间有多种叫法：神仙豆腐、观音豆腐、臭老婆、妹妹菜等等。碧绿如翡翠，剔透如宝石，嫩滑如果冻，品味清香，绿色健康，具有消暑的功能，是黔江夏季一道独具特色的美食。

斑鸠豆腐制作工艺简单，将斑鸠树叶（学名：长柄臭黄荆）揉搓出汁后，加入适量过滤的草木灰水搅拌均匀，逼其清水倒入其中，静待汁水凝固即成。

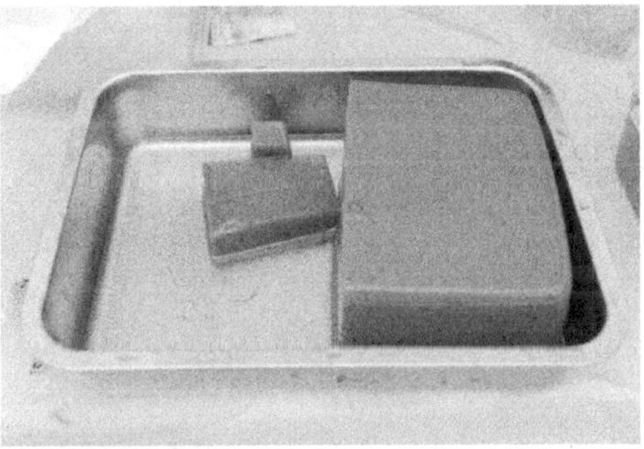

三、环境优势

黔江地处山区，阳光充足、四季分明、雨量充沛、森林覆盖率高，生态环境好，土质基本上是土兼沙，温度和湿度都十分适合长柄臭黄荆树的生长。

四、收获时间

每年的 5～10 月。

五、推荐贮藏保鲜和食用方法

贮存条件：冷藏保鲜。

食用方法：凉拌，可以做成麻辣、酸辣味，也可以做成甜品。

六、市场销售采购信息

重庆市黔江区石会镇中元村七组

联系电话：15223928395

售价 4 元/斤。

黔江绿豆粉

一、主要产地

重庆市黔江区。

二、品质特征

黔江绿豆粉是武陵山区传承了一千多年的土家小吃，是土家人一日三餐不可或缺的食物，宋朝诗人陈达叟在其所著的《本心斋疏食谱》中就将绿豆粉列为鲜美的，无人间烟火气的素食丨二品之 ·。

黔江绿豆粉是以大米为主要原料，辅以绿豆、黄豆等五谷杂粮磨成浆，经传统铁锅烙制而成。经十余年的研发创新推出的冲泡型绿豆粉，其食用方便，解决了传统鲜食绿豆粉保质期短、不便于携带的痛点，是黔江地方传统特色食品。峡江韵食品经过多年研发推出的“鸡杂味、牛肉味、麻辣味、盐菜味黔江冲泡型绿豆粉”，适合各地不同消费者的口味。

三、环境优势

大米、绿豆、黄豆等原料主要来源于黔江，区内生态环境好，森林覆盖率达到65%以上，土壤富含人体必需的硒、锶等微量元素和矿物质，其绿豆等农产品具有天然优势。

四、收获时间

全年均为生产期。

五、推荐贮藏保鲜和使用方法

贮存条件：阴凉、干燥处。

食用方法：传统绿豆粉很多种吃法，捞出来的时候可以直接沾蘸水吃；也可以做好带油的辣椒后，煮着吃；也可以干拌，各有风味。冲泡型绿豆粉打开盖子后，先将粉饼用开水泡 5 分钟，然后再加入调料，搅拌均匀即可食用。

六、市场销售采购信息

线上店：拼多多、淘宝

线下直营店：重庆市黔江区正阳工业园区园区路 69 号、重庆市黔江区城西街道转盘“华益土特产、蓬江土特产”

联系电话：13389691433

黔江牛肉脯

一、主要产地

重庆市黔江区正阳工业园区园区路 59 号。

二、品质特征

以武陵山区自然草场放养的黄牛后腿鲜肉为原料，采用古法全手工经两醒、三清、四烤、一烘十道工序制作而成，是重庆市非物质文化遗产。其产品片薄均匀剔透、鲜甜适宜、酥软可口、回味悠长，是远近闻名的地方特产。

三、环境优势

黔江区气候适宜、雨量充沛、四季分明、昼夜温差大，无工业污染，农残肥污较少，土壤富含人体必需的硒、锶等微量元素和矿物质，有建设饲草（料）生产基地的必备条件。牛肉脯原料主要来源于人工养殖的肉牛，辖区内生态环境好，森林覆盖率达到65%以上，有天然草地 3.11 万亩，人工种植优质牧草 2.2 万亩；因地处山区，天然防疫屏障好，不易发生大规模动物疫病，特别适宜肉牛生态养殖，牛肉产品具有天然功能优势。

四、收获时间

常年均可屠宰收获牛肉，尤以冬季品质最佳。

五、推荐贮藏保鲜和食用方法

贮存条件：阴凉、通风、干燥处。

食用方法：开袋即食。

六、市场销售采购信息

线上店：淘宝、京东、拼多多、抖音、1688及银行商城，200 g/袋售价78元、250 g/袋售价88元。

线下直营店：重庆市黔江区正阳工业园区园区路57号、重庆市黔江区城东街道文峰路26号，2000 g/坛售价888元、4000 g/坛售价1707元、500 g/盒售价298元、200 g/厅售价108元、100 g/袋售价59.8元。

联系电话：15923631988

黔江鸡杂

一、主要产地

重庆市黔江区正阳工业园区园区路 59 号。

二、品质特征

黔江鸡杂是以鸡肠、鸡胗、鸡心等鸡内脏为主要原料，辅以泡萝卜、泡椒多种佐料，经传统工艺和现代食品生产技术加工而成，其口味麻辣兼备，色鲜味美、醇香可口，是黔江地方特色食品。蓬江食品经过多年研发推出的“黔江鸡杂”系列产品，将鸡杂与土家泡菜分别装袋，既能保证产品质量，又确保黔江鸡杂特有风味，更适合不同的消费者。

三、环境优势

鸡杂原料主要来源于黔江，区内生态环境好，森林覆盖率达到 65%以上，土壤富含人体必需的硒、锶等微量元素和矿物质，有天然草地 3.11 万亩，地处山区，天然防疫屏障好，不易发生大规模畜禽疫病，特别适宜生态鸡养殖，其鸡杂产品具有天然功能优势。

四、收获时间

全年均为生产期。

五、推荐贮藏保鲜和食用方法

贮存条件：阴凉、干燥处。

食用方法：开袋辅以土豆、芹菜等新鲜蔬菜煮熟后食用。

六、市场销售采购信息

线上店：淘宝、京东、拼多多、抖音、1688 及银行商城，500 g/袋售价 38 元。

线下直营店：重庆市黔江区正阳工业园区园区路 57 号、重庆市黔江区城东街道文峰路 26 号，500 g/盒售价 88 元、1000 g/盒售价 115 元。

联系电话：15923631988

渣海椒

一、主要产地

重庆市黔江区。

二、品质特征

渣海椒是用玉米面和糟海椒（辣椒酱）混合装入倒罋坛（一种口朝下的坛子）进行腌制，然后蒸熟，再真空包装的一种西南地区以及长江流域特色菜，口感微酸、微辣。渣海椒传统技艺传承人在传统技艺基础上进行改良和创新，在沿用民间传统的“倒罋坛”隔氧发酵腌制工艺基础上，结合现代食品加工技术，建成了集清洗、杀菌、腌制、贮藏、加工、包装于一体的渣海椒精深加工生产线。

三、环境优势

渣海椒主要消费市场为川渝以及贵州、云南、湘西、鄂西南、陕南等地为主。主要体现土家族、苗族特色的饮食文化，渣（鲊）海椒传统制作技艺成功进入重庆市市级非物质文化遗产项目名录。主要原材料为高山玉米和辣椒，采用古法老坛腌制发酵工艺，结合现代食品加工技术精制而成，其微酸中辣的口感，深得消费者喜爱。

四、收获时间

基地辣椒、玉米 7～10 月收获，渣海椒全年均为生产期。

五、推荐贮藏保鲜和食用方法

通风、阴凉、常温下（也可冰箱冷藏）保质期半年。

渣海椒可以炒回锅肉、炒腊肉、炒米豆腐、炒洋芋片、炒椿芽、炒野蒜、炒洋荷、炒鸡蛋、炒卤肥肠等，还可以蒸扣肉、炒牛皮菜、炒鲜笋、做烤鱼、炒油渣、炒剩饭等等。

六、市场销售采购信息

店名：尝必乐调味品旗舰店

联系人：刘先生

联系方式：13826992699

标准售价 9.98 元/包/斤/包邮

珠兰花茶

一、主要产地

重庆市黔江区正阳工业园区园区路 59 号。

二、品质特征

以武陵云雾山区独特的富硒绿茶和名贵珠兰花为原料，用独特的传统加工方法结合现代科技精制而成。产品叶嫩鲜润、香清雅馥，纯正持久，味鲜醇清爽，汤色黄绿晶莹，饮后令人精神愉悦，心旷神怡，唇齿留香，堪称茶中一绝。

三、环境优势

珠兰花茶原材料主要来源于黔江，区内生态环境好，幅员面积 2402 km^2，耕地面积 50 万亩，森林覆盖率达到 65%以上，气候适宜、雨量充沛、四季分明、昼夜温差大，无工业污染，农残肥污较少，土壤富含人体必需的硒、锶等微量元素和矿物质，有建设生态茶叶种植基地的必备条件。主要原料茶叶、珠兰花均集中种植在 500 m 以上的中高山地区，天然屏障好，产品绿色健康，用其制作的珠兰花茶具有天然功能优势。

四、收获时间

茶叶在清明前后收获，珠兰花于每年 5～7 月收获。珠兰花茶全年均供应。

五、推荐贮藏保鲜和食用方法

贮存条件：阴凉、通风、干燥、无异味处。

食用方法：取茶 3～5 g 放入杯中，先用少量开水润茶 1～2 分钟后，再用开水冲泡即可品饮。

六、市场销售采购信息

线上店：淘宝、京东、拼多多、抖音、1688 及银行商城，200 g/袋售价 38.9 元。

线下直营店：重庆市黔江区正阳工业园区园区路 57 号、重庆市黔江区城东街道文峰路 26 号，花茶 400 g/袋售价 28 元、天香精品花茶 100 g/袋售价 148 元、香茗花茶 200 g/盒售价 138 元，联系电话：15923631988。

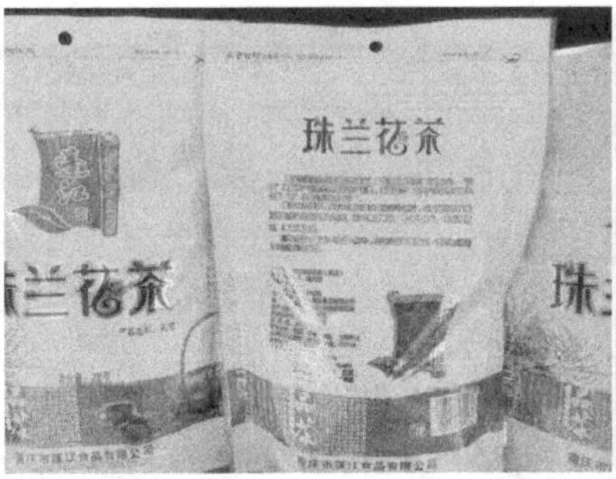

武陵薯娃红薯干

一、主要产地

重庆市黔江区。

二、品质特征

琥珀色的武陵薯娃红薯干，晶莹剔透，柔软的丝丝膳食纤维清晰可见；口感软糯香甜，纯纯薯糖，还原红薯本味，老少皆宜；

全过程物理加工，充分转化红薯淀粉，无需添加其它任何糖自然甜。

三、环境优势

中亚热带湿润性季风气候，四季分明，热量丰富，雨量充沛，物种丰富，土壤侵蚀较轻贫矿代的微酸性深厚土层富硒无污染。

四、收获时间

全年可供。

五、推荐贮藏保鲜盒使用方法

常温储存，开袋即食。

六、市场销售采购信息

重庆慧禹农业开发有限公司
联系人：张楀
联系电话：18996936060

黄精茶

一、主要产地

重庆市黔江区。

二、品质特征

零添加，传统工艺，专利技术。茶水色泽金黄明亮，口感香甜丝滑。

三、环境优势

中亚热带湿润性季风气候，四季分明，早晚温差大，雨量充沛，物种丰富，土层深厚富含有机质、富硒无污染。

四、收获时间

全年可供。

五、推荐贮藏保鲜和使用方法

常温储存，置于阴凉通风干燥处。使用方法：适量黄精茶置于杯子，沸水焖泡 3～5 分钟即可品饮，三泡为最佳。

六、市场销售采购信息

重庆慧禹农业开发有限公司

联系人：张㮓

联系电话：18996936060

黄十娘榨菜（青菜头）

一、主要产地

重庆市黔江区黄溪镇。

二、品质特征

产品生产过程坚持不施化肥、不喷洒农药；使用农家肥料，人工自除草。产品鲜脆，口味独特。产品作为芥菜类别，适宜生长区域有限，具有较强的产品特色优势。高山种植，品质更优。产品全部坚持在海拔 700～1000 m 左右栽种，高温差、高湿、长生长期决定了品质更优。

三、环境优势

种植区域全部在山区，空气清新，无任何污染，土地矿物质含量丰富，紧邻富硒区，山泉水纵横交错，为灌溉用水提供了充足的水源，森林覆盖率远高于全国平均水平，产品种植环境优势明显。

四、收获时间

每年 2--3 月。

五、推荐贮藏保鲜盒使用方法

冷藏保鲜或加工制作成腌制产品食用

六、市场销售采购信息

黔江城区农超市场及重庆双福农贸批发市场销售。自用加工。通过加工制作成为调味榨菜系列产品，销往全国各地。

重庆市众新侧农业综合开发有限公司

联系人：黄奎

联系电话：17772466888

黄秋葵油

一、主要产地

重庆市黔江区舟白街道。

二、品质特征

黄秋葵油富含亚麻酸、维他素、矿物质、蛋白质、维生素A、B、C、E、卵磷脂、钙、磷、铁、钾、镁、锌、硒等矿物质，是一种营养极丰富、养生价值很高的高档植物油。经常食用可以促进血液循环，防止动脉硬化以及动脉硬化并发症、高血压、心脏病、心力衰竭、肾衰竭、脑出血、抗衰老，改善人脑记忆力，预防老年痴呆症，改善消化系统功能，秋葵油的不饱和脂肪酸人体消化吸收率很高，能减少胃酸、阻止发生胃炎及十二指肠溃疡等病，还有润肠功能，可以有效缓解便秘。

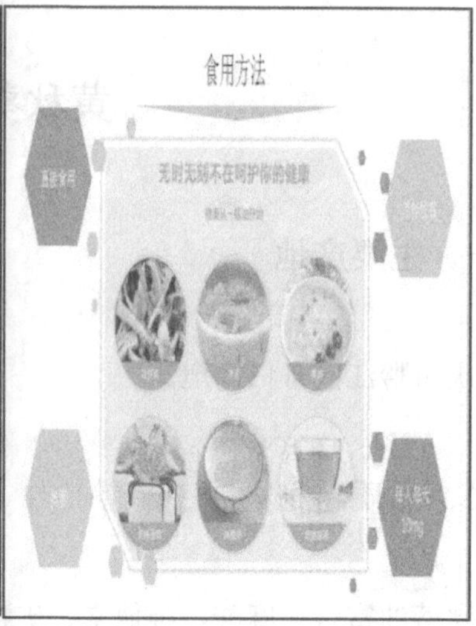

三、环境优势

重庆市黔江区水市镇海拔高度在 800～1100 m 不等，属半高山半丘陵地带，土壤为三潮土亚类，土质有淤土，两合土，沙土以及腐质土，土壤有机成分含量高，土壤肥沃，土质肥多，养分含量较高，终年平均降雨量在 720 mm 左右，全年多季在云雾缭绕中，保水保湿保肥能力较强。

四、收获时间

通常在10月大量采收，集中分拣和深加工。

五、推荐贮藏保鲜和食用方法

1.恒温贮藏

避光、时常保持良好的清洁、通风，无虫害无污染。

2.食用方法

直接食用、拌面、拌菜等，切忌不能经过高温食用，以免影响营养成分损坏。

六、市场销售采购信息

重庆有益农业开发有限公司销售

联系人：余官谦

联系电话：13320395807

黔江黑猪

一、主要产地

重庆市黔江区。

二、品质特征

黔江黑猪的身体黑色，嘴中长，头与身体的比例约 1∶4，背平宽、肚子胖乎乎，耳朵中等斜展，额头有菱角型纹理，尾巴中等长度，走起路来一摆一摆的。全身体毛呈黑色，有“草膘猪”之称，肉质细嫩多汁，大理石纹较明显，晶莹多汁，红得透亮，色如玛瑙，香气四溢。

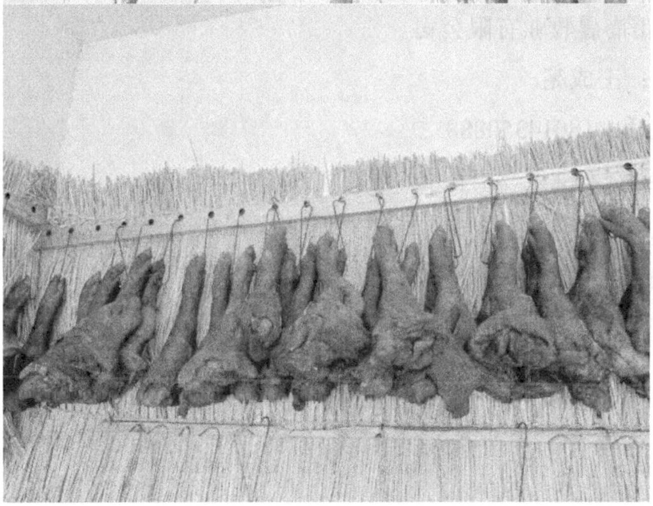

三、环境优势

黔江区位于武陵山腹地，山清水秀、碧水净土、天蓝地绿是其基本写照。位于东经 108°28′～108°56′，北纬 29°4′～29°52′区间；养殖区主要分布在海拔 500～1000 m 之间，区域内森林覆盖率 68%，生态环境优良，空气清新，远离工厂；多年平均日照 1150 小时，光热条件较好，年平均气温 15.4～19 ℃，气候温和适宜；养殖用水以山间泉水为主，清洁无污染；区域内年平均降雨量 1169～1469 mm，牧草丰富，为养殖优质黔江本地黑猪奠定了良好基础。

四、收获时间

全年可出栏。

五、推荐贮藏保鲜和食用方法

冷藏。

六、市场销售采购信息

1.重庆市尚晨牧业有限公司
联系人：王成宪
联系电话：18014350888
2.重庆垚焱农业发展有限公司
联系人：陈江泉
联系电话：18225319999

竹家山五倍子蜂蜜

一、主要产地

重庆市黔江区阿蓬江镇、石会镇和沙坝镇。

二、品质特征

蜂种为传统中华蜜蜂，蜂蜜采自海拔 1300 m 高山之上，基地野花满山，药材繁多，其中有多种野生药材，如五倍子、续断、铁乌抖、黄莲、兰露子等，蜜源丰富，为中华蜜蜂繁殖、采蜜提供了最佳条件，五倍子蜂蜜颜色呈浅黄色，半透明，有五倍子花特有的花香味，粘稠，无杂质，低温结晶晶莹剔透，晶粒细腻、柔软，口感甜润回味时有一丝丝（中药）苦味。

三、环境优势

竹家山蜂场地处武陵山腹地，纯天然无污染，以武陵山脉竹家山为中心，海拔达 1300 m 以上，具有典型的“一山有四季，四季各不同”的山地气候。基地山清水秀，人迹罕至，远离城市喧嚣，吸日月精华，沐四季雨露。纯净、健康、安全，是中华蜜蜂生长繁殖、采蜜的天然场地。

四、收获时间

每年 9～10 月为蜂蜜的收获期。

五、推荐贮藏保鲜和食用方法

贮藏保鲜：密封保存放在阴凉、干燥、清洁、通风处；也可冷藏 5～10 ℃冷藏保存。

食用方法：

1.蜂蜜水：建议蜂蜜用 45 ℃左右温水按照 5∶1 的比例冲水，也可根据个人喜好增减，早晚各一杯。

2.蜂蜜酒：按照蜂蜜 3∶10 的比例兑白酒，可使酒的口感更加丰富且有层次感。

3.根据个人喜好搭配面包、馒头等食品一起食用。

六、市场销售采购信息

1.重庆竹家山农业发展有限公司

联系人：刘秀胜

联系电话：13908272155

2.重庆市高新区定点帮扶采购

联系电话：17783857776

3.重庆市黔江区石会镇邮政

联系电话：15310204681

4.农掌柜数据科技有限公司

联系人：许鑫

联系方式：18883193793

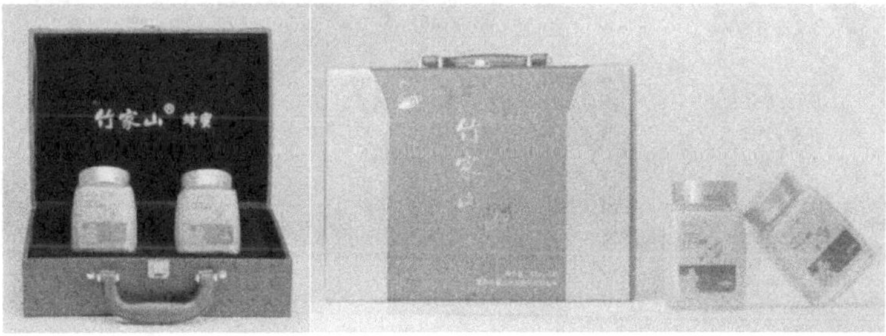

黔江高山黄牛

一、主要产地

重庆市黔江区。

二、品质特征

黔江高山黄牛体型较小、紧凑而结实，头略长，角形多样。颈中等长，垂皮发达，前躯开阔，胸深，肩峰较高；中躯发育良好，背腰较宽；尻部长而狭窄，四肢较长，蹄小而质坚，蹄型端正；皮薄，富弹性；毛色以黄色居多。成年公牛体高 115.9 cm，体重 323.2～380 kg，母牛 108.1 cm，重 260.0～299 kg，阉牛 116.0 cm，重 321.9～379 kg，牛肉红润鲜亮。

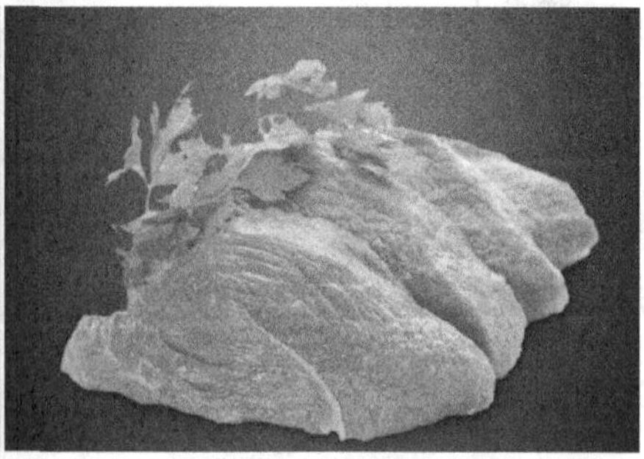

三、环境优势

黔江区独特的低山漕谷地貌，武陵山腹地，山清水秀、碧水净土、天蓝地绿是其基本写照。区域内森林覆盖率 68%。养殖区主要分布在海拔 500～1000 m 之间，散养为主，生态环境优良，空气清新，远离工厂；多年平均日照 1150 小时，光热条件较好，年平均气温 15.4～19 ℃，气候温和适宜；养殖用水以山间泉水为主，清洁无污染。区域内年平均降雨量 1169～1469 mm，牧草丰富，为养殖优质黔江本地高山黄牛奠定了良好基础。

四、收获时间

每年 10 月～次年 3 月。

五、推荐贮藏保鲜和食用方法

冷藏。

六、市场销售采购信息

重庆逸朗生物科技有限公司

联系人：蒲琼

联系电话：13594986868

枇杷林山鸡肉

一、主要产地

重庆市黔江区舟白街道办事处。

二、品质特征

枇杷林山鸡肉成鸡体态标准，无畸形、水肿、炎症等现象。鸡肉呈微黄色，外观整洁，外表微湿润；肌肉切面有光泽，有鸡肉固有色泽；肌肉有弹性，指压后凹陷可恢复；肉质鲜嫩且无异味。

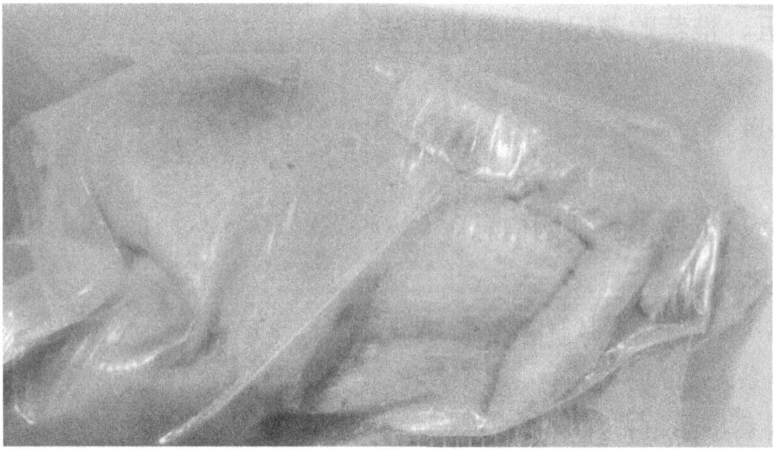

三、环境优势

武陵山区天然富硒环境。枇杷林山鸡采用散养方式在野外进食了天然植物、虫类、石头等饲料原料，并且饮用天然山泉汇聚的小南海湖水，通过调节机体代谢使鸡肉富集更多的硒元素，氨基酸总量含量也较高。

四、收获时间

全年均为收获期。

五、推荐贮藏保鲜和食用方法

冰箱冷冻储存，保质期约为 90 天。

六、市场销售采购信息

重庆市黔江区枇杷林野生动物驯养专业合作社
联系人：向道全
联系电话：18908272899

枇杷林山鸡蛋

一、主要产地

重庆市黔江区舟白街道办事处。

二、品质特征

枇杷林山鸡蛋蛋壳呈浅绿色，蛋形指数标准，蛋壳光泽度正常每枚蛋重约 30 g 左右；打开蛋壳可见蛋清清澈透明，且不流散蛋黄完整，呈浅黄色，轮廓清晰，蛋黄比重较大。

三、环境优势

武陵山区天然富硒环境。枇杷林山鸡采用散养方式在野外进食了天然植物、虫类、石头等饲料原料，并且饮用天然山泉汇聚的小南海湖水，通过调节机体代谢使鸡肉富集更多的硒元素，氨基酸总量含量也较高。

四、收获时间

全年均为收获期。

五、推荐贮藏保鲜和食用方法

冰箱冷藏储存，保质期约为 25 天，储存前不能水洗。按照日常鸡蛋食用方法使用即可。

六、市场销售采购信息

重庆市黔江区枇杷林野生动物驯养专业合作社
联系人：向道全
联系电话：18908272899

竹家山乌桕蜂蜜

一、主要产地

重庆市黔江区阿蓬江镇、石会镇和沙坝镇。

二、品质特征

蜂种为传统中华蜜蜂，蜂蜜采自海拔 1300 m 高山之上，基地野花满山，药材繁多，其中有多种野生药材，如五倍子、续断、铁乌抖、黄莲、兰露子等，蜜源丰富，为中华蜜蜂繁殖、采蜜提供了最佳条件，乌桕蜂蜜结晶状态颜色呈乳白色，粘稠，无杂质。滋味微甜微酸，口感绵软细腻，爽口柔和余味清香，具有蜜源植物特有的花香味。

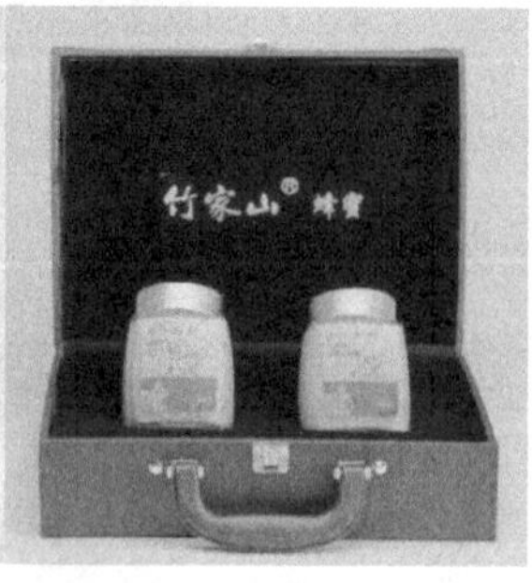

三、环境优势

竹家山蜂场地处武陵山腹地，纯天然无污染，以武陵山脉竹家山为中心，海拔达 1300 m 以上，具有典型的“一山有四季，四季各不同”的山地气候。基地山清水秀，人迹罕至，远离城市喧嚣，吸日月精华，沐四季雨露。纯净、健康、安全，是中华蜜蜂生长繁殖、采蜜的天然场地。

四、收获时间

每年 9～10 月为蜂蜜的收获期。

五、推荐贮藏保鲜和食用方法

贮藏保鲜：密封保存放在阴凉、干燥、清洁、通风处；也可冷藏 5～10 ℃冷藏保存。

食用方法：

1.蜂蜜水：建议蜂蜜用 45 ℃左右温水按照 5∶1 的比例冲水，也可根据个人喜好增减，早晚各一杯。

2、蜂蜜酒：按照蜂蜜3∶10的比例兑白酒，可使酒的口感更加丰富且有层次感。

3、根据个人喜好搭配面包、馒头等食品一起食用。

六、市场销售采购信息

1.重庆竹家山农业发展有限公司

联系人：刘秀胜

联系电话：13908272155

2.重庆市高新区定点帮扶采购

联系电话：17783857776

3.重庆市黔江区石会镇邮政

联系电话：15310204681

4.农掌柜数据科技有限公司

联系人：许鑫

联系方式：18883193793

苦荞乌鸡蛋

一、主要产地

重庆市黔江区蓬东乡。

二、品质特征

武陵山区环境天然富含硒元素，山泉水呈弱碱性，青饲料资源四季均有，饲料源营养极其丰富。黔江特有的乌鸡在野外进食了大量天然植物，石头及高山泉水，同时用本地产的天然谷物、玉米、小麦、苦荞及青草等饲养，鸡采食后，通过调节机体代谢使鸡蛋富有更多硒元素和维生素 E，并减少鸡蛋胆固醇的沉积。经国家农业农村部用（GB5009.93-2017 第一法）检测：硒元素含量（0.23 mg/kg～0.24 mg/kg）高于普通鸡蛋（0.115 mg/kg）2 倍，维生素 E 含量（2.73 mg/100 g～2.82 mg/100 g）高于普通鸡蛋（1.14 mg/100 g）2.4 倍，胆固醇含量（252 mg/100 g～259 mg/100 g）低于普通鸡蛋（385 mg/100 g）35%。饲养过程中，不添加激素、色素、抗生素，是典型的高硒元素、高维生素、低胆固醇的天然无添加营养食品。

三、环境优势

基地位于东经 108° 北纬 29° 04′ 附近，海拔约 800 m，主要分布在武陵山脉腹地灰千原始森林山麓，东、西、南三面毗邻原始森林，北边与干溪河相邻，与人、畜活动区域相对完全隔离，周围无工业厂矿，无污染。引流灰千原始森林天然的山泉水用于饮用，武陵山天然富硒环境，天然弱碱性山泉水。基地属亚热带季风气候，多年平均气温 22.5 ℃，周边森林覆盖率超过 80%，饲养用的谷物及青草，青饲料资源多，饲料源营养丰富。

四、收获时间

全年均为生产期。

五、推荐贮藏保鲜和食用方法

冰箱冷藏储存，保质期约为 25 天，储存前不能水洗。按照日常鸡蛋食用方法使用即可。

六、市场销售采购信息

厂家市场销售、售后服务统一联系电话：13983560008（微信同号）。

兰河谷鲫鱼

一、主要产地

重庆市黔江区白土乡兰河谷。

二、品质特征

兰河谷鲫鱼是鲤科鲫属的小型鱼类。体形呈侧扁形，高且厚，腹部圆，头短小无须，眼小，个体也较小。其肉质鲜美，营养丰富，营养价值较高，每百克含蛋白质 13 g、脂肪 11 g，含有大量的钙、磷、铁等矿物质，兰河谷鲫鱼具有药用价值，具有和中补虚，温胃进食，补中生气之功效。

三、环境优势

兰河谷鲫鱼长年生长在三塘盖下的冷水中，水质优良无污染，生长期较长，繁殖能力强。天然饲料和优质的水源使其质优，营养丰富。

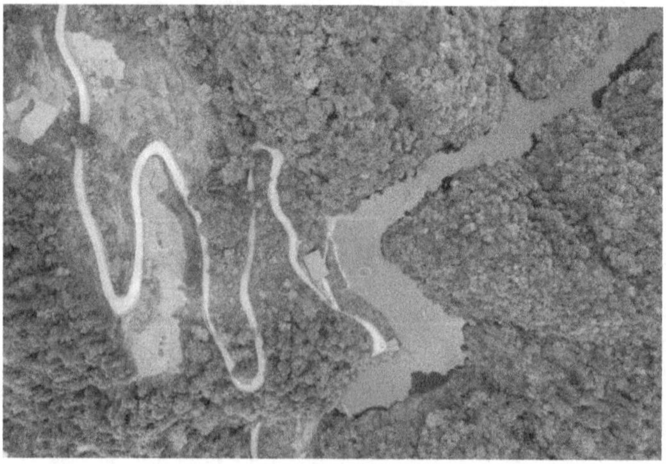

四、收获时间

兰河谷鲫鱼全年起捕。

五、推荐贮藏保鲜和食用方法

兰河谷鲫鱼一般以现购现烹为宜。

六、市场销售采购信息

重庆市黔江区兰河优鱻水产有限公司
联系人：尚瑞林
联系电话：13908272563

兰河谷黄腊丁

一、主要产地

重庆市黔江区白土乡兰河谷。

二、品质特征

兰河谷黄腊丁，以肉食性为主的杂食性鱼类，它主要生活在静水或水流较缓慢的浅滩中，其肉质嫩、刺少、脂肪多，味道鲜美、营养丰富。富含蛋白质和铜、钙、嶙、钾、钠等矿物质元素，每百克中含蛋白质 17.8 g、脂肪 2.7 g，是食用的优等食材。

三、环境优势

兰河谷黄腊丁生长在大山深处的流水中，其水质优良、无污染。峡谷山泉中的小鱼、小虾和各种陆生、水生昆虫是其觅食对象，优美的环境和天然的水质盛产了优质的黄腊丁。

四、收获时间

兰河谷黄腊丁全年起捕。

五、推荐贮藏保鲜和食用方法

兰河谷黄腊丁一般以现购现烹为宜，不宜冷藏食用。

六、市场销售采购信息

重庆市黔江区兰河优鱻水产有限公司
联系人：尚瑞林
联系电话：13908272563

兰河谷鲤鱼

一、主要产地

重庆市黔江区白土乡兰河谷。

二、品质特征

兰河谷鲤鱼体色鲜艳，尾迹呈红色，肌肉珠红色且肉质鲜美，无腥味，味道上乘，头小、身体大、外型接近野生鲤鱼。

兰河谷鲤鱼含蛋白质 18%，脂肪 5%，饱合脂肪酸 37%，氨基酸总量 22%，维生素 E 含量 10 mg/100 g。

三、环境优势

兰河谷水来源于三塘盖泉水，其水质达到国家一类水质标准，无污染，常年水温在 20 ℃以内，水质肥沃天然饵料丰富，适合各种鱼类自然生长，是盛产优质鱼类好地方。

四、收获时间

兰河谷鲤鱼全年起捕，最适宜购买时间为12月～次年2月。

五、推荐贮藏保鲜和食用方法

兰河谷鲤鱼一般以现购现烹为宜。

六、市场销售采购信息

重庆市黔江区兰河优鱻水产有限公司
联系人：尚瑞林
联系电话：13908272563

大闸蟹

一、产地

重庆市黔江区太极镇李子村 2 组（白果树）。

二、品质特征

肉质细腻、膏黄饱满、蟹香浓郁、品质纯正。

三、环境优势

高山峡谷水库（太极水库）水源，池塘光照充足，藻菌丰富，水清草绿。养殖场地势平坦、交通便利。

四、收获时间

每年9月底～12月底

五、推荐贮藏保鲜盒食用方法

商品大闸蟹已经过充分清洗和透水并捆扎，用户收货后可直接蒸煮食用或置于冰箱保湿短期（一般不超过5天）冷藏。大闸蟹烹饪方法简单，或蒸或煮，可加少许生姜片或紫苏叶，15分钟左右出锅，趁热食用风味最佳。

六、市场销售

重庆纳垚农业开发有限公司
联系人：何兵
联系电话：13594966219

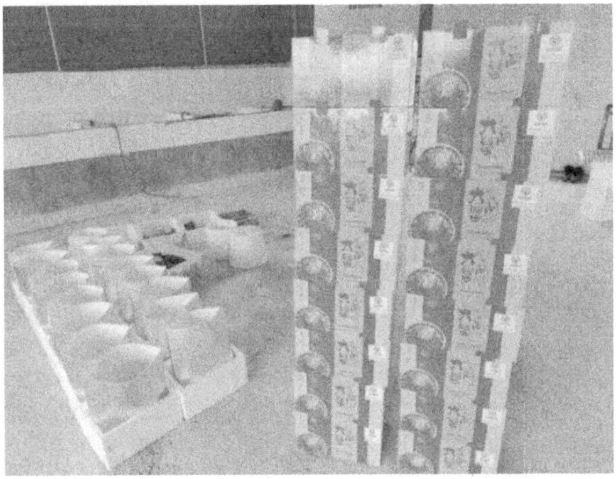

富锶山泉水

一、主要产地

重庆市黔江区白土乡。

二、品质特征

天然山泉水是从地下深处自然涌出的或者是通过机械设备深井开采、未受污染的地下矿泉水水。TDS 值：10～60 mg/L。

1.锶是人体骨头与牙齿的重要组成部分；

2.小分子团水更易于肠道吸收；

3.天然弱碱是调节人体酸碱平衡（人体平均 PH 值 7.35～7.5 之间）。

三、环境优势

石钟山泉水厂坐落在海拔 1260 m 的石钟山国家森林自然保护区，溶洞自涌泉水是三塘盖富银山泉水的唯一水源，这里的岩石层，属于五亿年前的奥陶系白云岩层，富含大量的锶元素，三塘盖深处的纯净水源，经常年淋滤渗透，将大量的锶元素带入水中形成世界罕见的天然富锶山泉。

四、收获时间

全年。

五、推荐贮藏保鲜和食用方法

常温储存。

六、市场销售采购信息

重庆龙盘实业有限公司
联系人：黄婷
联系电话：18996902999

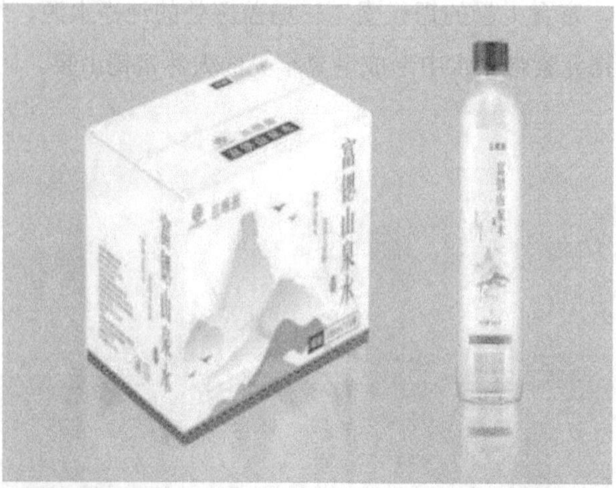
富德山泉水

三塘盖
富德山泉水
三塘盖

科普小贴

没有蛋黄的鸡蛋能吃吗

无黄蛋，农村俗称“鬼蛋”，不明因，甚至有人说不能吃，还有一些不科学的传言，引得有些人心理恐慌，那么到底怎么回事呢？

鸡蛋没有蛋黄是由于鸡生蛋的时候，卵原细胞减数分裂形成卵细胞期间，发生分裂异常造成的，这不是疾病而仅仅是偶然的巧合，如果一个母鸡经常生没有蛋黄的鸡蛋，那可能是由于母鸡输卵管狭窄或阻塞的关系，才会生出畸形蛋。

还有一种导致鸡蛋无黄情况发生的可能就是，产蛋母鸡没有发育完全，导致鸡蛋发育不全所以没有蛋黄。

鸡蛋没有蛋黄能吃吗

没有蛋黄的鸡蛋打开后全是晶莹剔透的蛋清，蛋壳比普通鸡蛋薄，这样的鸡蛋比较少见，但是是可以食用的，并不会对人体健康造成伤害，只是说鸡蛋蛋白代替了蛋黄，鸡蛋看起来有点不和谐而已。

什么样的鸡蛋不能吃

鸡蛋打开后，鸡蛋黄是散的，这样的鸡蛋不要食用，这样的鸡蛋可能已经腐败变质，食用后身体会发生不适；已经发臭鸡蛋不要食用，易导致中毒，当发现鸡蛋壳上有裂纹时，不宜食用，细小的缝可能已经将很多细菌带入了壳内，所以不要食用。

小贴士

鸡蛋每天吃一个即可吸收其营养物质，吃多了会造成营养浪费和消化不良。

很多人喜欢吃溏心蛋，或者时开水冲蛋，这样的吃法吃一次两次可能没事，当长期如此是不健康的，没有熟的鸡蛋中还有很多细菌未被杀死，蛋白质也会很难消化吸收，不利于人体健康。

鸡蛋买回来后不要用水清洗，只要用将其污渍擦净即可，鸡蛋离开母体会产生一层壳外保护膜，如果用水清洗，这层胶质会被破坏，加速鸡蛋变质。

鸡蛋选购技巧

一晃：将鸡蛋拿在手中轻轻的晃一晃，那种明显有水声的鸡蛋就是陈放了长时间的，而新鲜的鸡蛋基本上没有什么晃动感。

二嗅：用嘴向蛋壳上轻轻哈一口热气，然后用鼻子嗅其气味，新鲜品质好的鲜蛋有轻微的生石灰味。

三照：打开手机的手电筒，将鸡蛋至于手电筒上方，看一下灯光透视下的鸡蛋是否存在气室，气室越大表明存放得越久，越不新鲜。

吃猪油好还是菜油好

猪油有以下功效：第一，对于体质虚弱的人来说，吃猪油可以起到滋阴补肾的作用，但是注意不要多吃，多吃可能会引发肥胖。第二，猪油较润滑，进入食道内可以起到润肠通便的作用，对于患有便秘的人群来说，可以有效的改善症状。第三，猪油中含有胡萝卜素，可以维持视紫红质的平衡，避免因为体内缺乏维生素 A 而出现的夜盲症，还具有保护视力的作用。

猪油也就是人们常说的荤油，经常食用猪油可以增强食欲，因为猪油有一种特殊的香味，能促进人体的食欲，猪油含有胡萝卜素，对人体的视力具有保护作用。猪油富含油酸，有助于人体降低罹患抑郁症的风险。猪油可以改善皮肤的干燥，具有保湿润肤的作用，很适合爱美人士的食用。猪油含有维生素 D，可以帮助人体对钙质的吸收，有利于人体的骨骼健康。

猪油相比于菜油更有更强的抗氧化作用，可较好地阻竭脸上的斑的出现。

但动物油热量高、胆固醇高，一般人食用动物油也不要过量。

食用菜籽油可以清肝利胆、消炎护肤、养眼护眼、减肥降脂。但是菜籽油缺乏亚油酸等必需脂肪酸，脂肪酸组成不平衡，另外，菜籽油中含有大量芥酸和芥子甙等物质，一般认为这些物质对人体的生长发育不利。

食用最好是两种有混合吃按照菜油∶猪油＝2∶1 的比例较合理。

怎么给孩子健康的饮食

重庆市黔江区人民小学——庞秀兰

现在我们很多孩子喜欢吃甜食，早餐是面包、蛋糕，餐后有小甜点，小零食是饼干、奶茶……真是无日不甜，无时不甜。被甜蜜的滋味包围，孩子们乐在其中，家长们在疼爱与方便之中浑然不知地成了伤害孩子的帮凶。

专家认为长期过量摄入甜食对成长中的小学生会造成诸多不利影响。从营养学的角度看，适当摄入糖分对身体是有益的，但食入过量，除了会导致营养不良、肥胖和龋齿外，还可能使人精神烦躁、情绪不稳定、注意力不集中、好发脾气等，这是甜食综合征的主要症状。

专家解释，这是因为，蔗糖会在体内转化为葡萄糖，而葡萄糖在氧化分解的过程中需要含有维生素 B 的酶来参与。如果摄入糖分过量，消耗掉大量维生素 B，造成维生素 B 不足，最终就会影响到葡萄糖的氧化，产生较多氧化不全的中间产物，如丙酮酸、乳酸等。这类物质过多，会影响中枢神经系统的活动，使人表现为精力不集中、爱发脾气等。此外，糖分还会刺激睡眠"调节器"血清素的产生，导致人昏昏欲睡。

这些甜食综合征会影响小学生的生长发育及生活和学习。

明白了多吃甜食的危害之后，家长就应该帮助孩子减少对甜品的摄入。

建议把握好以下原则：

1.学龄前期儿童饮食的安排基本接近成人，已可以与父母家人同桌进餐，饭菜内容也大致相同。但 4～6 岁儿童的饭量仍应该比少年或成人略少，而且需要继续保证优质蛋白质如蛋、乳、肉等动物性食物的供给。

2.饮食安排要特别注意平衡膳食，食物花色品种多样化，粗细粮交替，荤素菜搭配，有干有稀，软硬适中。

3 烹调仍应注意食物新鲜，防止在烹调过程中损失过多的营养素。儿童饮食口味仍以清淡为佳，避免过咸和过分油腻。油炸食物不易消化，不宜过多进食，应尽量少吃刺激性食物。

4.要讲究色、香、味、形以引起孩子对食物的兴趣。可让孩子主动参与食物挑选和制作，这不仅能丰富孩子的烹调知识，学会力所能及的本领，也使孩子心理上对食物产生兴趣，从而吃得津津有味，食欲大增。

5.切忌食物品种单调，每餐雷同，使小儿产生厌恶心理。避免养成零食吃得太多，偏食，挑食等不良习惯，保证每日三餐食欲旺盛。

6.要让孩子养成良好的饮食习惯、不挑食、不偏食，保持饮食均衡、多样化。首先大人要给孩子做出榜样。要记住食物没有好坏之分，每种食物有每种食物的营养，儿童生长发育都需要。

7.食物要新鲜、自然、健康，以家庭烹制的饭菜最好，少吃商场的成品食物。创造良好的进餐环境，和大人一起吃。在餐桌上不要责备、打骂孩子，使孩子快乐进餐。

8.一日三餐都要吃，早餐不能省。吃饭速度慢一些，要细嚼慢咽，不要狼吞虎咽；吃饭时要专心，不要看电视。多让孩子和大人一起去超市购买食物，可以观察孩子对食物的喜好，以便交流，并对孩子进行健康食品选购和食用方面的教育。

9.吃零食时间要固定，不能吃个不停。看电视的时候不要吃零食，不要边吃边看。不要拿食物作为对孩子的奖励或惩罚手段。

10.及时和老师沟通，了解孩子在幼儿园或学校的进餐情况，做到心中有数，以便及时调整。到餐馆就餐时，不要选择过于油腻和甜的高能量食物，要选择可口的低—中等能量食物。少吃洋快餐应督促并培养孩子学会克制自己对甜食的欲望，要多吃一些富含维生素 B 的食物，如糙米、豆类、动物肝脏、瘦肉等食物。

长此以往，就会吃出一个个健健康康、聪明伶俐、行事专注的孩子！

如何对待食品中的重金属

重庆市黔江区农安站——刘元喜　王孝忠

说到食品中的重金属，多数人都视其为“洪水猛兽”，真相如何呢？

一、“罪过”与“功劳”

（一）“罪过”

1.镉

急性中毒可使人呕血、腹痛、最后导致死亡；慢性中毒能使肾功能损伤，破坏骨胳、致使骨痛、骨质软化、瘫痪。

2.汞

食入后直接沉入肝脏，对大脑视力神经破坏极大。

3.铬

易导致腹泻、结核病、支气管炎和致使皮肤充血、糜烂、溃疡、患皮肤癌，也可造成四肢麻木，精神异常。

4.砷

慢性中毒可引起皮肤病变、神经系统、消化和心血管系统障碍，破坏人体细胞的代谢系统。

5.铅

直接伤害人脑细胞的特别是胎儿的神经板，可造成先天大脑沟回浅，智力低下，对老年人造成痴呆、脑死亡等。

6.其他重金属

还有氟、钴、钒、硒、铊、锰、锡、铁等重金属，过量摄入均可对人体造成伤害。

（二）“功劳”

1.铁

参与氧的运转，交换及组织呼吸。

2.铜

与铁相互作用形成胶原蛋白，增强血管弹性。

3.锌

是 70 多种酶代谢的必需物质。

4.铬

加强胰岛素对糖的和脂类的作用。

5.钴

是维生素 B12 的成分参与造血。

6.其他重金属

锰、锡、硅、硒、钼、碘、钒、氟等重金属也是人体不可或缺的。

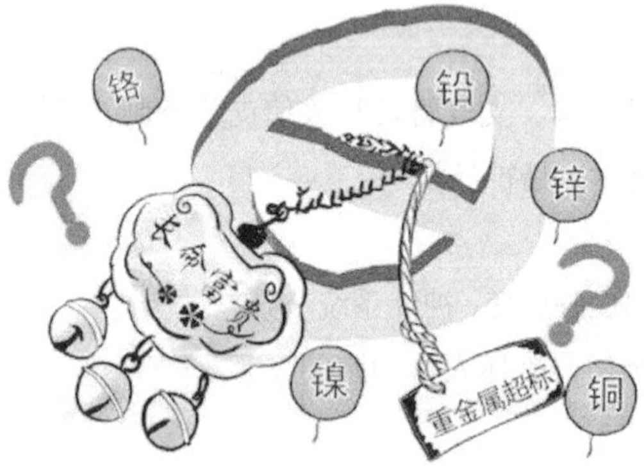

二、“认识”与“策略”

（一）总体认识

辩证看待重金属的“功过”，不是所有重金属都有害无益；不是体内有了重金属就会中毒，只有超过一定量才会表现中毒症状；任何物质，在人体内的含量，超过上限标准，都是有害的。

与饮食习惯的联系，如北方地区的主食以面食为主，那么大米中重金属含量影响就没有那么突出了；南方地区以吃大米为主，那么面食影响也就不突出了；有的食品虽然含某些重金属元素较多，但大家都吃不到多少或吃的频次很少，那么影响就不必过分担忧。

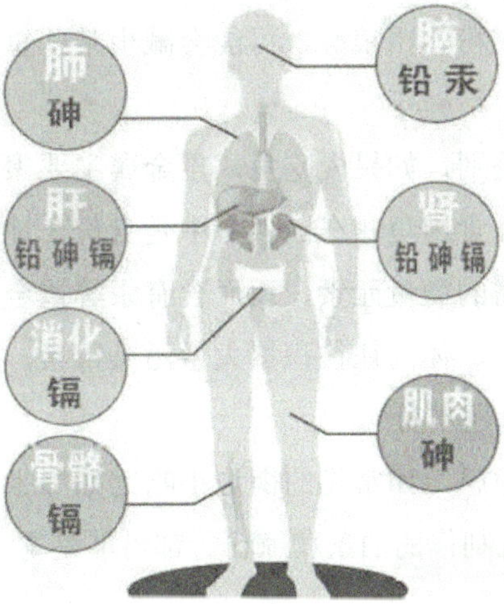

（二）通常来源

海鲜：海产品中的重金属往往是生物从海洋环境中通过食物链的富集吸收而来。动物内脏：比如，镉、铅等重金属常残留在动物内脏中（肝、肾）。膨化食品：薯片、虾条、爆米花等人造膨化食品一般都会使用膨化剂，而膨化剂中会含有大量的铅和铝。易拉罐饮料：科研人员对 22 种饮料调查发现，易拉罐饮料中铝含量最高，是瓶装饮料的 3～6 倍。餐具携带：很多不锈钢餐具中含有一定量的铬、镍，若餐具表层的镀层破坏，“毒素”可能随之暴露在外；印有彩色花纹的陶瓷餐具中会含有一定量的铅。此外，使用“不粘锅”，若“涂层”受损，也会有重金属污染。部分使用雄黄和朱砂的中药：中药中朱砂含汞，雄黄含砷，长期大量使用朱砂、雄黄，可导致汞、砷等重金属在人体内的蓄积。

（三）饮食策略

一是总体思路先明确，注意品种搭配，保持食物的营养平衡；选择食用品牌农产品，品牌农产品都是经过质量安全检测认证的。

二是生克关系选食品，如大蒜、洋葱和鸡蛋中均有含硫氨基酸，即蛋氨酸和胱氨酸，可以对抗汞、镉、铅的毒性;海藻中的褐藻酸，苹果、胡萝卜和柑橘属水果中所含的果胶，均可螯合并清除重金属元素，有益人体健康；豆类和高纤维食品比如豆粉、粗粮等，可能会减少某些重金属富集，平时可多吃一些。

三是食物部位有差别，如果爱吃鱼，重金属主要聚集在鱼体的内脏和头部，建议少食用（另外食用鱼翅在国人心中是身份、地位的象征，事实上鱼翅中并不含有人体所需的微量元素，反而含有汞等重金属元素。此外，鲨鱼处于海洋食物链的顶端，体内往往积累大量污染毒素，而且鱼翅汤的美味主要来自配料，而不是鱼翅本身）。

四是路边小吃有隐患，如常见的街边小吃比如爆米花、烤红薯等的制作容器，还有传统用明矾制作的油条和凉粉等都可能是重金属的“藏身之所”，不宜经常吃。

五是使用餐具有讲究，很多不锈钢餐具中含有一定量的铬、镍，建议购买纯白色的陶瓷餐具，此外，使用“不粘锅”，若“涂层”受损，就不要再用了。

六是增加膳食纤维的摄入，膳食纤维可以减缓重金属吸收的速度，特别是富含果胶的膳食对铅有很大的亲和力，在肠道内与铅结合形成不溶解的、不被吸收的复合物，而随粪便排出。果胶通常存在于水果和蔬菜中，尤其是柑橘和苹果中含量较多。

七是改善机体的营养状况以及食物的营养平衡机体营养状况良好，可以增强人体免疫功能，有利于抵抗外来有害物质的侵害，或缓解毒性；蛋白质的质和量以及某些维生素（维生素 C）的营养水平对金属毒物的吸收和毒性有较大的影响。多食用牛奶、鸡蛋、豆制品和新鲜的蔬菜和水果，可以缓解有害金属的毒害作用。

三招识别污染鱼

重庆市黔江区农安站——刘元喜

吃鱼的好处众所皆知，可随着科学技术和生产的发展，尤其是农药和化肥的广泛应用，众多的工业废气、废水和废渣的排放。一些有毒物质，如汞、酚、氰化物、有机氯、有机磷、硫化物、氢化物、氟化物、砷化物和对硝基苯等，混杂在土壤里、空气中，源源不断地注入鱼塘、河流或湖泊，甚至直接进入水系，造成大面积的水质污染，致使鱼类受到危害。

被污染的鱼，轻则带有臭味，发育畸形；重则死亡。

人们若误食受到污染的鱼，有毒物质便会转移至人体，在人体中逐渐积累，引起疾病。

如何识别被污染的鱼，可以从一下三点入手。

1.闻味道。被不同毒物污染的鱼有不同气味。煤油味是被酚污染；大蒜味是被三硝基甲苯污染；杏仁苦味是被硝基苯污染；氨水味、农药味是被氨盐类、农药污染。

2.看外形。污染较重的鱼，鱼形不整齐，头大尾小，脊椎、尾脊弯曲僵硬或头特大而身瘦，尾长又尖，这种鱼含有铬、铅等有毒有害重金属；鱼鳞部分脱落，鱼皮发黄，尾部灰青，有的肌肉呈绿色，有的鱼肚膨胀，这是铬污染或鱼塘大量使用碳酸铵化肥所致。

3.辨鱼鳃和鱼眼。有的鱼表面看起来新鲜，但如果鱼鳃不光滑，形状较粗糙，呈红色或灰色，这些鱼大都被污染了；有的鱼看上去体形、鱼鳃正常，但眼睛浑浊失去正常光泽，有的眼球甚至明显向外突起，也是被污染了。